생성형 인공지능 열풍과 거품론

인공지능총서

인공지능 시대입니다. 기계가 인간의 인지를 대신하고, 사물이 인간을 통하지 않고 다른 사물과 직접 커뮤니케이션합니다. 이에 따른 인간 삶과 문명 변화를 정확히 이해·예측·대응하는 것은 이 시대 우리 모두의 과제입니다. 인공지능총서는 인공지능 기술과 환경의 여러 주제를 10가지 키워드로 정리합니다. 관련 개념과 이론, 학계와 산업계의 쟁점, 우리 일상의 변화를 다룹니다. 인간과 기술의 현재, 미래를 세심히 분석합니다.

일러두기

- 인명, 작품명, 저서명, 개념어 등은 한글과 함께 괄호 안에 해당 국가의 원어를 병기했습니다.
- 외래어 표기는 현행 어문규정의 외래어표기법을 따랐습니다.

생성형 인공지능 열풍과 거품론

임지선

대한민국, 서울, 커뮤니케이션북스, 2025

생성형 인공지능 열풍과 거품론

지은이 임지선
펴낸이 박영률

초판 1쇄 펴낸날 2025년 2월 28일

커뮤니케이션북스(주)
출판 등록 2007년 8월 17일 제313-2007-000166호
02880 서울시 성북구 성북로 5-11
전화(02) 7474 001, 팩스(02) 736 5047
commbooks@commbooks.com
www.commbooks.com

ISBN 979-11-7307-981-8 03500

책값은 뒤표지에 표시되어 있습니다.

차례

진흥론과 거품론 사이에서

2022년 말 챗지피티(ChatGPT)가 공개되고 2023년 생성형 인공지능 열풍이 불어닥친 뒤, 기자로서 이 주제와 관련한 취재를 할 때면 상반된 분석을 하는 이들을 만나곤 했다. 인공지능의 미래는 물론 인간의 능력을 뛰어넘는 일반인공지능(AGI)의 출현에까지 확신을 갖고 국가도 기업도 개인도 경쟁력을 갖춰야만 살아남는다고 하는 '인공지능 진흥론자', 혹은 '부머(boomer · 개발론자)'라 불리는 이들이 첫 번째였다. 다른 한쪽은 헛소리(환각 현상)와 편향된 소리를 해대고 어떤 데이터를 학습하고 있는지 실체를 알 수 없는 '블랙박스'와 같은 생성형 인공지능에 두려움과 환멸을 느끼는 '인공지능 규제론자', '인공지능 거품론자', 혹은 '두머(doomer · 파멸론자)'라 불리는 이들이었다.

영국 투자은행 바클리(Barclays)는 2024년 9월 발표한 보고서에서 생성형 인공지능 열풍을 바라보는 두 가지 시선을 언급했다. 생성형 인공지능 열풍에 대해 쏟아져 나오는 기사와 논평을 읽는 사람들을 '투자자A'와 '투자자B'로 나눌 수 있다는 것이다. 투자자A는 자신을 'AI 전도사'라고 말한다. 그들은 AI가 우리의 생활과 업무 방식의 모든 측면을 바꿀 것이라고 굳게 믿으며, 기술과 AI 주식에 많은 투자를 한다. 그들은 AI의 잠재력에 대한 글을 읽는 데 많은 시간을 보내고, 매그니피센트 7(Magnificent 7) 기업[애플 · 엔비디아 · 마이크로소프트 · 테슬라 · 아마존 · 알파벳(구글) · 메타(페이스북)]들이 중요한 역할을 할 것이라는 전망을 확인하는 기사를 찾아본다.

반면 투자자B는 AI가 단지 유행일 뿐이며, 그 전망에 비해 사람들이 너무 열광하고 시장이 너무 과열됐다고 믿는다. 따라서 그들은 매그니피센트 7의 인기나 '생성형 인공지능 열풍' 역시 과장됐으며 AI에 대해 시장이 너무 낙관적인 태도를 취하고 있다고 생각한다. 투자자B는 이 같은 열풍이 곧 터질 '거품'일 수 있다고 믿는다. 이 때문에 이들은 인공지능 기업이 직면한 문제와 관련된 기사를 특히 신경 써 읽는다. 이렇듯 생성형 인공지능과 관련한 뉴스가 끝없이 과열 생산되는 상황에서 투자자들은 자신의 신념과 일치하는 기사를 통해 편견을 강화하고 있다는 것이다.

10배 늘어난 생성형 인공지능 보도

그렇다면 '부머'와 '두머' 모두의 편견을 강화할, 그래서 열풍과 거품론을 더욱 양산했을 언론 보도는 그동안 어떻게 전개됐을까. 실제 2023년 한 해 동안 국내 언론도 생성형 인공지능과 관련한 뉴스를 끊임없이 쏟아냈다. 2023년 국내 9대 중앙 일간지(조선, 중앙, 동아, 한겨레, 경향, 한국, 서울, 국민, 세계)의 지면에 실린 생성형 인공지능 기사를 분석한 결과 전년도보다 10.54%나 늘어난 사실을 확인할 수 있었다.

신기술이 출현해 시대의 패러다임이 바뀔 때 여론 형성에 큰 영향을 미치는 언론 보도가 어떤 방향으로 전개되었는지는 매우 중요하다. 2023년 ≪조선일보≫와 ≪한겨레≫의 1년 치(2023년 1월 1일~12월 31일) 보도를 분석해 보니 생성형 인공지능 관련 기사가 전년도 대비 10.4배 급증했다. 기사가 주로 배치된 지면은 경제 · 금융 · 기업 면이 34.52%, 경제 보도와 과학 보도의 영역에 걸쳐 있는 IT · 과학 면이 13.31%로 집계됐다. 기사의 필자는 두 매체 모두 테크팀을 포함한 경제 부서의 기자들이 주로 맡고 있어 생성형 인공지능 기사가 대체로 경제 분야 기사로 생산되고 있음을 확인할 수 있었다.

두 신문의 생성형 인공지능 기사 취재 방식을 살펴보

면 국내외 기업의 보도자료나 발표 내용을 전달하는 방식이 전체의 36.69%로 가장 많았다. 국내외 정부 · 기관 · 단체의 발표(12.38%)에 기댄 경우를 더하면 국내외 기업 · 정부 발표에 따른 보도가 전체의 49.07%였다. 복수의 발표를 종합하는 취재 방식을 사용한 경우(8.05%)를 더하면 발표 중심 취재 방식은 57.12%에 달한다. 기자가 직접 인터뷰한 경우는 5.1%, 외신 인용 보도는 7.12%였다.

즉, 생성형 인공지능 기술의 발전이 기업 주도로 이뤄지면서 국내 언론 보도의 취재 방식도 국내외 기업의 발표 자료에 의존하는 형태로 전개된 경우가 많은 것으로 나타났다. 미국을 중심으로 하는 글로벌 빅테크 기업들의 공식 발표 자료나 경영진의 발언, 국내 기업들의 보도자료와 행사 발표 내용 등이 주를 이뤘다. 생성형 인공지능 시대에 뒤처지지 않기 위해 기업들 사이의 경쟁이 매우 치열해졌는데 이 과정에서 자사의 기술력과 전망을 강조한 기업들의 입장을 반영한 발표 내용이 대중에게 그대로 소개된 경우가 많았다. 여기에 자체 기획 기사나 취재 기사보다는 신기술이라는 다루기 어려운 특성상 전문가의 기고나 인터뷰, 외신 인용 등으로 생성형 인공지능 관련 보도를 다룬 경우도 많았다.

기업과 정부의 발표에 기댄 취재 행태는 기사의 프레임에도 일정 부분 영향을 미쳤다. 두 신문의 생성형 인공지능 보도의 프레임을 분석해 보니 59.44%가 생성형 인공지능 산업에서의 경쟁을 중계하고 개발 · 성능 · 활용에 주목하는 프레임, 즉 '산업 진흥 프레임'이었다. 이는 생성형 인공지능의 위험성을 강조하고 규제를 촉구하거나 거품론을 주장하는 프레임보다 많은 수치였다. 산업 진흥 프레임의 보도가 이어지면서 정부에서도 생성형 인공지능 분야의 경쟁력을 높여야 하며 관련 기업을 지원해야 한다는 목소리가 이어졌다.

이렇게 '인공지능 승자'의 목소리를 확대 재생산하는 구조에 대해 비판에 나선 학자들도 있다. 벤 자오 시카고대 교수는 2023년 1월 ≪한겨레≫와 진행한 인터뷰에서 "현재는 생성형 인공지능에 투자한 사람들의 목소리가 크다. 도덕이나 윤리에 관한 이야기는 없고, 생성형 인공지능 산업이 피해를 입으면 너무 많은 돈을 잃는다는 논리뿐이다. 마이크로소프트 · 구글 · 메타 등 인공지능 기업들은 단기적으로 주가가 계속 오르니 승리했다고, 업계의 리더라고 간주된다. 엄청난 투자가 몰리고 주가가 뛰고 있지만, 인공지능 기업들은 오히려 돈을 잃고 있다. 과대광고와 마케팅 문구에 휘둘려 모두들 '생성형 인공지능이 국가 경제를 일으킬 것'이라고 말하지만, 과도한 마케팅일 뿐이다"라고 지적하기도 했다.

2024년 노벨 경제학상을 수상한 다론 아제모글루 교수와 사이먼 존슨 교수는 이 '승자'들을 '비전 과두 귀족'이라 일컫는다. 이들이 2024년 펴낸 『권력과 진보』에는 이런 표현이 등장한다. "비전 과두 귀족은 실제로 놀라운 경제적 성공을 거둔 사람들이기 때문에 너무나 설득력 있어 보인다. 새로운 테크놀로지, 특히 기하급수적으로 증가하는 인공지능 역량이 막대한 풍요와 자연에 대한 막강한 지배를 가져다주리라는 내러티브도 이들의 설득력을 강화한다. 비전 과두 귀족은 특유의 책벌레 같은 방식으로 카리스마가 있다. 가장 중요하게 이들 현대판 귀족은 저널리스트, 여타의 기업계 인사, 정치인, 학자, 모든 종류의 지식인 등 대중의 견해를 구성하고 관리하는 사람들을 잘 홀린다."

이 책의 구성

이 책은 생성형 인공지능을 둘러싼 지난 2년여의 빛나는 혁신과 그 뒤에서 강하게 제기되는 거품론의 실체를 살펴보기 위해 기획했다. 국가 간, 빅테크 기업 간의 기술 경쟁 중심으로 펼쳐지는 '생성형 인공지능 시대 패권 경쟁'과 관련해 '산업 진흥 관점'의 뉴스가 쏟아지는 상황에서 거품론을 주장하는 이들에게는 어떤 근거가 있는지 체계적으로 짚어 보고자 했다.

우선 1장에서는 2022년 말 오픈AI가 챗지피티를 세상에 공개하며 불어닥친 생성형 인공지능 열풍이 어떻게 시작됐고 전개됐는지 알아본다. '빅테크의 비상, 경쟁의 심화'를 다룬 2장에서는 생성형 인공지능 기술에 신중했던 빅테크들이 '열풍' 앞에 조급해지며 경쟁 체제로 나아간 상황을 되짚는다.

3장에서는 1990년대 말 벤처 붐 때의 '닷컴 열풍'처럼 이제는 회사 이름에 '닷AI'를 붙인 기업으로 투자가 몰리는 상황을 살펴본다. 4장 '열풍의 승자들'에서는 저물어 가는 기업에서 순식간에 전 세계 시가총액 1위 기업으로 올라선 마이크로소프트, 고성능 그래픽 칩을 개발해 왔다는 이유로 인공지능 시대의 선두 주자가 된 엔비디아 등 승자들의 서사를 짚어 본다.

5장에서는 인공지능 동맹의 출현과 국가 간 패권 경쟁을 들여다보고, 6장에서는 "인공지능 개발 경쟁을 멈춰야 한다"고 성명까지 낸 전문가들의 우려를 들어 본다. 7장에서는 학습 데이터 등의 문제로 인공지능 기업을 향한 소송 물결을 확인하고, 8장에서는 이러한 생성형 인공지능의 문제로 인한 미디어 산업의 붕괴 위협을 짚어 본다.

9장에서는 인공지능 거품론의 주 논리인 '수익화의 실체에 대한 의문'을 살펴보고, '생성형 인공지능, 누구를 위한 기술인가'를 묻는 10장에서는 생성형 인공지능이 인터넷이나 아이폰의 발명처럼 인류를 진보시키고 시대의 패러다임을 바꿀 것이라는 시각과, 인간의 창작물을 훔치고 사기를 쳐 인간의 직업을 뺏는 기술일 뿐 인류에 아무런 도움이 되지 않는다는 시각까지 정리해 본다.

참고문헌

임지선(2024). 생성형 인공지능에 관한 언론 보도 연구, 43-45쪽. 건국대 언론홍보대학원 석사학위 논문.

김춘식(2023). 인공지능 기술 관련 보도 분석 – 취재원 의존도 낮추고 인공지능의 사회적 의미에 주목할 필요. ≪신문과방송≫, 8월호, 8-14쪽.

김시현·양성훈(2023). ChatGPT 관련 국내 언론보도 기사 분석 – 텍스트 연결망 분석을 활용하여. ≪교육혁신연구≫, 33(4), 322-324쪽.

대런 아세모글루 & 사이먼 존슨(2024). 『권력과 진보』. 생각의힘.

임지선(2024.2.16). AI 데이터 우물에 '독' 푸는 교수…"저작물 도둑질, 창작자 삶 뺏어". ≪한겨레≫.

01
챗지피티, 열풍의 시작

생성형 인공지능에 대한 대중적인 열광은 2022년 말 공개된 챗지피티로부터 비롯됐다. 인간이 써 둔 콘텐츠와 이미지 등을 단순한 검색 결과로 보여 주는 것이 아니라 자신이 '생성'해 냈다고 주장하는 당돌함이 이 챗지피티 서비스의 핵심이다. 2023년 전 세계가 이 결괏값에 열광했다.

결괏값을 '생성'했다는 당돌한 기술

생성형 인공지능(Generative AI)에 대한 대중적인 열광은 2022년 말 공개된 챗지피티(ChatGPT)로부터 비롯됐다. 챗지피티는 "인공지능이 인류를 크게 위협할 것"이라고 경고했던 일론 머스크 등 '인공지능을 염려하는 이들'이 창설했던 비영리 인공지능연구소 오픈AI(OpenAI)가 영리 조직을 세운 뒤인 2022년 11월 마지막 날 선보인 생성형 인공지능 챗봇 서비스다. 별다른 홍보도 없이 웹상에 공개한 지 5일 만에 이용자가 100만 명을 넘은 데 이어 두 달여 만에 1억 명을 돌파하는 등 지구상의 어떤 서비스보다 압도적인 속도로 퍼져 나갔다. 기존에 사용자 1억 명을 돌파하는 데 텔레그램이 61개월, 인스타그램이 30개월, 틱톡이 9개월 걸린 기록을 가뿐히 넘어선 것이다.

챗지피티에서 '챗(Chat)'은 '대화'를, '지피티(GPT)'는 '사전 훈련된 생성 변환기(Generative Pre-trained Transformer)'란 뜻이다. 대량의 데이터를 미리 학습해 마치 사람처럼 스스로 결과물을 만들도록 설계된 초거대 인공지능(Hyperscale AI) 모델을 바탕으로 사용자가 건넨 질문에 대화하듯 답을 '생성'해 내놓는 서비스라고 해서 '생성형 인공지능'이라고 불린다. 인간이 써 둔 콘텐츠와 이미지 등을 단순한 검색 결과로 보여 주는 것이 아니라 자신이 '생성'해 냈다고 주장하는 당돌함이 이 챗지피티 서비스의 핵심이다. 2023년 전 세계가 이 결괏값에 열광했다.

2016년 이세돌 9단을 '알파고'가 이겼을 때까지만 해도 대중에게는 그저 먼 이름이었던 '인공지능'은 이렇게 2022년 말 이후 빠르게 대중을 파고들었다. 이 시점을 받아들이는 데는 인공지능 분야의 전문가들과 일반 대중 사이에 차이가 존재한다. 수많은 연구에도 불구하고 기술에 대한 실망과 회의론이 퍼져 관심과 투자가 줄면서 '인공지능 겨울'이라 불리던 혹독한 침체기까지 맛봤던 인공지능 학자들에게 챗지피티 열풍은 '어려움을 딛고 기어이 피어난 한 송이 꽃'처럼 여겨지기도 했다. 하지만 대부분의 일반 대중에게는 벼락처럼 닥친 변화였다.

당시 미국은 물론 국내에서도 생성형 인공지능 기술은 전기나 인터넷의 발명과 같이 시대의 패러다임을 바꿀 신기술로 추앙됐다. 한 예로 한국산업인력공단이 2023년 4월 홈페이지에 올린 '인류의 미래를 바꿀 챗지피티'라는 글에서는 "1990년 인터넷의 출현, 2007년 아이폰의 출시, 그 후 가장 큰 혁명이자 산업의 '게임 체인

저(GAME CHANGER)'라 불리는 챗지피티의 등장은 우리가 알던 기존의 시장 질서를 송두리째 바꿔 놓고 있다"고 서술했다.

한국지능정보사회진흥원 에이아이(AI)·미래전략센터는 2023년 2월 미래 세대에선 결국 인공지능(AI)을 얼마나 잘 다루는가가 중요한 경쟁력으로 부각될 것이라는 전망을 담은 보고서를 내놨다. "앞으로 '챗봇 네이티브' 세대의 등장으로 전통적인 형태의 검색 엔진은 경쟁력을 잃고 사라질 위기에 처할 수 있다"고 전망했다. 또 "생성 인공지능 시대에는 광범위한 실업이 발생하거나 일부 직업은 대체될 것이고, 일부 직업은 확대되거나 예상치 못한 방식으로 재창조되는 등 수십억 근로자들의 삶에 영향을 미칠 것"이라고 예측했다.

생성형 인공지능의 출현은 기존 인공지능의 활용 양상을 바꿔 나갔다. 인공지능(Artificial Intelligence: AI)은 임의의 작업을 자동적·지능적으로 수행하기 위해 인간의 지각·학습·추론 능력을 모방해 구현한 컴퓨터 시스템 혹은 기술을 뜻해 왔다. '지능'이 무엇이냐, 인간의 어떤 능력을 닮은 것을 인공지능이라 지칭해야 하느냐 등 여전히 정의가 분명하지 않은 단어이긴 하지만 인공지능은 지난 수십 년 동안 로봇, 자동화, 알고리즘, 추천 등의 이름으로 이미 산업 전 분야의 디지털 전환(Digital transformation)에 기여해 왔다.

시총 1위로 우뚝 선 인공지능 관련주

기존에는 특정 작업의 절차 자동화나 복합 정보처리 등에 주로 활용됐던 인공지능은 생성형 인공지능 열풍 뒤 활용 양상이 달라졌다. 생성형 인공지능이 초거대 데이터와 컴퓨팅 파워를 빨아들여 사용자의 요구에 따라 결과물로 텍스트, 이미지, 비디오, 오디오, 코드(Code) 등을 바로 생성하기 때문이다. 파이선(Python)과 같은 컴퓨터 언어 사용자에게만 제한적으로 열려 있던 세계에 누구나 접근이 가능해져 인간의 다양한 언어로 질문하고 대답을 얻을 수 있게 되자 큰 변화로 받아들여진 것이다. 미드저니(MidJourney), 달리(DALL-E), 코덱스(Codex) 등 이미지나 코딩을 생성하는 인공지능 서비스들도 연이어 출시돼 선택의 폭도 넓어졌다.

생성형 인공지능 열풍이 불면서 인공지능의 정의에도 '생성'의 영역이 커져 갔다. 유럽연합은 인공지능 규제 법안을 만들며 인공지능의 기술적 특징에 대해 '머신러닝, 논리 · 지식 기반 접근법, 통계적 접근법 등을 활용해 개발되고, 인간이 정의한 목적을 위해 상호 작용하는 주변 환경에 영향을 미치는 콘텐츠, 예측, 추천, 의사결정 등의 결과물을 생성할 수 있는 소프트웨어'라고 정의했다.

마침내 연구소 밖으로 나와 대중적 열광을 받게 된 이 신기술에 돈이 몰리기 시작했다. 2023년에는 전 세계적으로 인공지능 시장이 기하급수적으로 커질 것이라는 전망과 함께 생성형 인공지능에 관심이 쏠리면서 투자가 증가하고 주가도 뛰었다. 골드만삭스(Goldman Sachs)는 2023년 4월 발표한 보고서에서 생성형 인공지능이 10년 후 글로벌 GDP를 7% 증가시킬 정도로 큰 영향을 발휘할 것이라 예측했다. 오픈AI에 대규모 투자를 단행해 대주주로 올라선 뒤 2023년 생성형 인공지능 열풍 속에 가장 급부상한 마이크로소프트는 2024년 애플을 꺾고 미국 시가총액 1위 기업으로 우뚝 서기도 했다.

이렇듯 시장에서 '돈'이 몰리자 '생성형 인공지능 분야에서 뒤처지는 기업은 살아남을 수 없다'는 무한 경쟁의 논리가 부상했다. 생성형 인공지능이 산업 전반에 걸쳐 큰 파급효과를 가져올 것이란 전망이 이어졌기 때문이다. 반도체 업계에선 인공지능 시장이 활성화하면 고성능 · 고용량 메모리 반도체 수요가 증가할 것이란 기대감이 커졌다. 2023년 2월 글로벌 시장조사업체 가트너는 인공지능 반도체 시장 규모가 2020년 220억 달러(27조 원) 규모에서 2023년 553억 달러(69조 원)로 커졌고, 2026년엔 861억 달러(107조 원)까지 성장할 것으로 전망했다. 인공지능 산업의 응용 분야가 지속 확대돼 고성능 칩에 대한 수요가 기하급수적으로 커질 것이기 때문이었다.

열풍의 뒤편에는 생성형 인공지능 기술에 대한 우려와 어두운 전망도 커져 갔다. 열풍을 불러일으킨 오픈AI가 우려를 담은 보고서를 펴냈다는 점은 아이러니다. 오픈AI는 2023년 3월 펜실베이니아대학과 공동 연구를 진행해 미국 노동자의 약 80%가 인공지능 거대언어모델 도입으로 인해 자신들의 작업(직무)에 적어도 10% 수준의 영향을 받으며, 약 19%에 이르는 노동자가 적어도 50% 수준의 영향을 받을 수 있다며 수학자, 시장조사, 회계, 데이터분석, 편집, 작가, 웹디자이너, 통번역 등 타격이 큰 직업군을 구체적으로 발표했다. 생성형 인공지능의 영향을 받는 산업군은 광범위하며 모델이 발전할수록 그 범위가 넓어질 것이라 전망했다.

무한경쟁과 조바심, 그리고 우려

거짓과 가짜를 생성하는 기술이 민주주의를 위협할 것

이라는 경고도 나왔다. '가짜' 글과 이미지, 영상 등을 생성해 내기는 갈수록 쉬워지고 있었다. 텍스트를 넘어 그림, 영상, 소리까지 모든 것을 생성하기 시작한 인공지능은 동시에 특유의 환각(hallucination) 현상에 의해 '뻔뻔한 헛소리'와 편향적인 답변까지 거침없이 내놨다. 진실 여부에 대한 출처가 확인되지 않는 수많은 데이터를 바탕으로 생성한 챗지피티의 답변은 겉보기에는 논리적이고 그럴싸하지만, 사실은 잘못된 정보이거나 별다른 내용이 없는 무의미한 껍데기일 수도 있었다.

급기야 인공지능 기업의 경영진, 내부 직원들, 개발자, 학자 등이 나서서 "생성형 인공지능과 초거대 모델의 개발 속도를 늦추고 위험성에 대한 대책을 마련해야 한다"는 성명, 서한 등을 발표하기 시작했다. 생성형 인공지능이 빨아들이는 대규모 데이터에 대한 문제 제기와 소송도 이어졌다. 인간은 시대적 변화에 뒤처지지 않으려 발버둥 치면서도 그 변화의 끝이 어디를 향하는지 몰라 기대하고 불안해하기 시작했다.

참고문헌

방준성·조병철(2023). 생성형 인공지능에 의한 콘텐츠 저작과 유통 환경의 변화에 따른 정책 제언. ≪방송공학회논문지≫, 28(4).

임지선·김회승(2023.2.6). '사람처럼 생각한다'는 당돌한 AI, 미래에 기회일까 위기일까. ≪한겨레≫.

Atsushi, M. & Masaki, E.(2023). Exploring the potential of using an AI language model for automated essay scoring. *Research methods in applied linguistics,* 2(2).

Goldmansachs(2023.4.5). Generative AI could raise global GDP by 7%.

Iglesias, G., et al.(2023), A survey on GANs for computer vision. *Computer science review,* 44.

02
빅테크의 '비상', 경쟁의 심화

2022년 말 불어닥친 생성형 인공지능 열풍은 산업계에 큰 역동을 일으켰다. 이전까지는 편향, 거짓 정보 생성, 오류 등 생성형 인공지능 기술이 일으킬 수 있는 여러 부작용이 기업의 이미지를 실추할까 두려워하며
이 같은 기술의 대중적 공개에 '신중론'을 펼쳐 오던 구글 등 빅테크 기업들이 심상치 않은 위기감을 느낀 것이다. 잃을 것이 없는 스타트업, 오픈AI의 당돌한 도전이 불러일으킨 거대한 위기감이었다.

내부에 '코드 레드' 선언한 구글

"구글은 끝났다(Google is done)." 2022년 말 챗지피티가 대중에 공개된 뒤 영국의 일간지 ≪인디펜던트≫가 쓴 기사 제목이다. 미국 ≪워싱턴 포스트≫는 2023년 초, 생성형 인공지능 열풍에 뒤처진 빅테크(BigTech · 거대 기술 기업)의 상황을 "빅테크는 인공지능에 신중했다, 그런 다음 챗지피티가 나왔다"고 표현했다. ≪뉴욕타임스≫는 구글이 챗지피티 열풍에 놀라 내부적으로 '비상사태'를 선포하고, 래리 페이지와 세르게이 브린 등 창업자들에게 도움을 요청했다고 보도했다.

2022년 말 불어닥친 생성형 인공지능 열풍은 산업계에 큰 역동을 일으켰다. 이전까지는 편향, 거짓 정보 생성, 오류 등 생성형 인공지능 기술이 일으킬 수 있는 여러 부작용이 기업의 이미지를 실추할까 두려워하며 이 같은 기술의 대중적 공개에 '신중론'을 펼쳐 오던 구글 등 빅테크 기업들이 심상치 않은 위기감을 느낀 것이다. 잃을 것이 없는 스타트업, 오픈AI의 당돌한 도전이 불러일으킨 거대한 위기감이었다.

오픈AI라는 작은 기업은 그럴싸한 거짓 답변도 뻔뻔하게 내놓는 생성형 인공지능 챗봇 '챗지피티'를 대중에 공개한다고 해서, 만일 해당 서비스가 내놓는 답변에 오류가 있다고 해서 기업 신뢰도에 타격을 입을 가능성은 크지 않았다. 당시 오픈AI가 기업공개(IPO)를 한 상장 기업도 아니었던 데다 구글 검색이나 안드로이드처럼 전 세계 사용자 수가 막대한 서비스를 운용하는 기업도 아니었으니 말이다. 공개 당시까지 챗지피티는 아무도 이용하지 않는 베타 버전의 무료 서비스였을 뿐이다. '책임'의 무게가 한없이 가벼웠던 셈이다.

오히려 오픈AI 입장에서는 챗지피티를 세상에 공개해야 할 이유가 여럿이었다. 거대한 데이터를 사전에 학습하는 모델을 돌리려면 막대한 돈과 컴퓨팅 파워가 필요했는데 오픈AI와 같은 신생기업에는 데이터와 컴퓨팅 파워, 두 가지 모두가 문제였다. 특히 일론 머스크 등 초반에 '개방형 비영리 연구'를 위해 오픈AI를 공동 설립하고 자금을 대던 이들이 대거 이탈한 상태여서 더욱 그러했다. 오픈AI는 챗지피티를 공개함으로써 더욱 다양한 데이터를 수집할 수 있게 되었고 마이크로소프트의 투자를 받아 고성능 칩을 기반으로 한 데이터센터 등 컴퓨팅 파워를 확보해 상황을 타개할 수 있었다.

당시 구글(알파벳)은 오랫동안 인공지능 기술 개발에 주력하며 검색에 이어 2014년 인공지능 연구소 딥마인드(DeepMind) 인수, 2015년 머신러닝 오픈소스 소프트웨어 텐서플로(TensorFlow) 공개 등 관련 연구를 선도하며 기술력을 키워 왔다. 하지만 챗지피티 방식, 다시 말해 '인간이 던지는 어떤 질문에든 인간의 언어로 답변을 만들어 보여 주는' 방식의 생성형 인공지능 기술의 공개에는 소극적이었다. 2015년 구글 포토가 '흑인의 사진을 고릴라라고 분류한' 사건 등을 겪으며 이 같은 오류 한 번에 구글과 같은 빅테크가 얼마나 많은 것을 잃을 수 있는지 경험해 왔기 때문이다. 또한 생성형 인공지능 기술 활용 시 구글의 주 수입원인 검색 광고 수입에도 타격이 예상됐다.

그랬던 구글이 내부에 '코드 레드(code red · 심각한 위기 경고)'를 발동한 것은 챗지피티 이용자 수가 수천만 명으로 급격히 팽창하던 2022년 12월 말 무렵이었다. 당시 ≪뉴욕타임스≫는 순다르 피차이 구글 최고경영자(CEO)가 인공지능 전략과 관련해 열린 회의에서 챗지피티가 구글의 검색 엔진 사업에 위협이 될 것이며 하루빨리 이미지 생성 인공지능 모델을 포함한 새로운 인공지능 제품을 개발해야 한다고 촉구했다고 보도했다. 구글 경영진은 챗지피티 열풍 이후 거대한 기술 변화로 업계 판도가 뒤집힐 수 있다고 판단한 것으로 전해졌다.

하지만 이후 구글은 허둥대는 모습을 보이며 패착을

두어 주가가 폭락하는 사태를 겪게 된다. 2023년 2월, 구글은 내부적으로 '코드 레드'를 발동한 지 3개월 여 만에 챗지피티와 비슷한 형식의 생성형 인공지능 챗봇 서비스인 '바드'를 선보였지만 출시 전 공개한 시연에서부터 답변 오류가 발견됐다. 순다르 피차이 최고경영자가 2023년 2월 6일 자신의 블로그에 바드가 챗지피티보다 더 최신 정보에 기반해 정확한 답변을 내놓는다며 '제임스 웹 우주 망원경이 발견한 새로운 사실에 대해 아홉 살 아이에게 뭐라고 설명하면 좋을까'라고 묻고 답변을 받은 사례를 소개했는데 세 가지 답변 중 두 개가 사실이 아니었다.

바드의 답변에 오류가 있었다는 사실이 알려지자 알파벳 주가가 7.68% 급락했다. 구글이 이 같은 패착을 둔 날은 마이크로소프트가 챗지피티 기술을 이용한 새로운 버전의 검색 엔진 '빙(Bing)'을 공개한 지 하루가 지난 시점이었다. 마이크로소프트는 챗지피티를 등에 업고 주가가 오르고 있었고 오픈AI에 대한 투자 문의는 늘어 가고 있었다. 생성형 인공지능 기술을 놓치면 구글과 같은 빅테크도 한순간에 몰락할 수 있다는 위기감은 2023년 2월을 기점으로 더욱더 커져 갔다.

이러한 위기감 속에 페이스북 운영사인 메타도 같은

달, '라마(LLaMa; Large Language Model Meta AI)'를 공개했다. 구글에 이어 메타까지 별도 모델을 들고 뛰어들며 생성형 인공지능 기술을 둘러싼 글로벌 빅테크 간 경쟁이 심화된 것이다. 마크 저커버그 메타 최고경영자는 2023년 2월 25일 자신의 페이스북 계정에서 "거대언어모델은 텍스트 생성과 대화, 문서 요약부터 수학 정리, 단백질 구조 예측과 같은 더 복잡한 작업에 이르기까지 가능성을 보여 줬다. 라마는 연구자들의 업무를 돕기 위해 오픈소스(개방형) 형태로 제공될 것"이라고 밝혔다.

'첫 모델'을 내놓은 뒤 빅테크 업계에서의 생성형 인공지능 기술 경쟁은 더욱 치열해졌다. 오픈AI는 유료 버전에 이어 계속 버전을 높여 가며 글(텍스트)뿐 아니라 이미지, 음성, 영상 등으로 생성 결과물의 범주를 넓혔다. 전 세계에서는 초거대 인공지능 모델을 기반으로 한 생성형 서비스 프로그램이 수없이 개발됐다. 마이크로소프트는 챗지피티를 얹은 클라우드 서비스를 들고 전 세계 기업들을 상대로 영업에 나섰다. 구글은 2023년 12월 6일 생성형 인공지능의 기반인 거대언어모델 '제미나이(Gemini)'를 공개하며 '바드'란 이름을 지웠다. 메타도 라마의 버전을 높여 가며 오픈소스 생태계를 확장해 갔다.

기술 경쟁력을 어떻게 확보할 것인가

국내에서도 빅테크 기업을 향해 "생성형 인공지능 시대 경쟁력을 어떻게 확보할 것인가"라는 질문이 쏟아졌다. 챗지피티 열풍이 분 뒤 카카오와 네이버는 실적 발표 콘퍼런스콜(설명회)을 열 때마다 초거대 인공지능 모델과 생성형 인공지능 서비스 출시 계획에 대한 질문을 받았다. 최수연 네이버 대표는 2023년 2월 3일 연간 실적 발표 콘퍼런스콜에서 "최근 많은 주목을 받고 있는 생성형 인공지능과 같은 새로운 검색 트렌드에 대한 대비책을 준비 중"이라며 "올 상반기 내 서치지피티(SearchGPT)를 선보이는 것이 목표"라고 밝혔다.

2023년 2월 10일 홍은택 카카오 대표는 실적 발표 콘퍼런스콜에서 "챗지피티와 같은 초거대 인공지능 모델의 등장은 카카오에 기회이자 위기가 될 것"이라며 "카카오는 카카오브레인이 가진 한국어 특화 인공지능 모델인 코지피티(KoGPT)를 활용해 우리가 잘 할 수 있는 버티컬 인공지능 서비스에 집중하고자 한다"고 발표했다. 이날 홍 대표는 "초거대 인공지능 모델은 혁신적인 아이디어에 의해 차별화하는 것이 아니라 모델의 크기가 품질을 좌우해 결과적으로 풍부한 자본과 기술력을 지닌 글로벌 기업에 절대적으로 유리한 싸움"이라고 덧붙였다.

결국 2023년 8월 24일 네이버는 '하이퍼클로바엑스'를 필두로 한 자체 개발 생성형 인공지능 기술을 공개했다. 거대언어모델 하이퍼클로바엑스를 기반으로 작동하는 생성형 인공지능 서비스 '클로바엑스'로 챗지피티처럼 질문에 답변을 내놓는 방식의 대화형 인공지능 서비스 시장에서 경쟁하겠다는 전략이었다. 이날 최수연 네이버 대표는 발표 행사를 열어 "생성형 인공지능 시대에 네이버는 어떤 경쟁력이 있냐는 질문에 답을 갖고 이 자리에 섰다"며 "지난 5년 동안에만 1조 원 이상을 연구 개발에 투자해 대규모 언어 모델 하이퍼클로바엑스 개발에 성공했다"고 밝혔다.

이 같은 경쟁적 분위기는 기술 업계 전반으로 퍼져 나가 대부분의 기업이 '생성형 인공지능 경쟁력'에 전략을 제시하는 형태로 전개됐다. 2023년 'AI Company'로 거듭나겠다고 선언한 SK텔레콤은 2023년 9월 "2028년까지 인공지능 관련 투자를 세 배로 늘리고, 자체 기술을 통한 '자강'과 글로벌 기업과의 '협력'에 나선다"고 발표했다. 자체 모델 개발과 글로벌 협업을 동시에 진행하겠다는 계획이었다. SK텔레콤은 2023년 10월 오픈AI의 챗지피티를 활용해 음성통화 내용을 녹음한 뒤 텍스트로 전환하고 내용 요약까지 해 주는 '에이닷 전화'를 내놨다.

KT는 자체 개발 초거대 인공지능 모델 '믿음'을 2023년 10월 31일 공식 발표한 뒤 전략을 수정해 2024년 마이크로소프트와 전략적 파트너십을 체결했다. LG유플러스는 2023년 10월 29일 엘지에이아이(AI)연구원의 초거대 인공지능 모델 '엑사원(EXAONE)'에 통신 데이터를 학습시킨 '익시젠(ixi-GEN)'을 개발한다고 밝혔다. 그룹 차원에서 개발한 전문가형 인공지능 모델(엑사원 2.0)을 기반으로 한 통신 맞춤 대형 언어모델을 개발해 경쟁에 뛰어든 것이다.

이런 분위기 속에 2023년부터 2024년까지 기업들이 매일 쏟아내는 보도자료에는 '인공지능'에 대한 언급이 기하급수적으로 늘어났다. 중앙 일간지 뉴스의 '생성형 인공지능' 관련 기사량도 2022년에 비해 2023년에 10배 이상 늘어났다. 세계는 심화된 경쟁 속으로 세차게 빨려 들어가고 있었다.

참고문헌

김성민(2023.12.14). '챗GPT' 광풍에 놀란 美 빅테크… AI 신중론 버렸다. ≪조선일보≫.

성현희(2023.2.7). 구글 '챗GPT' 대항마 '바드(Bard)' 전격 공개. ≪전자신문≫.

옥기원(2023.2.26). 구글 이어 메타도.. 챗GPT 대항마 '라마' 공개. ≪한겨레≫.

Nitasha, T, et al.(2023.1.27). Big Tech was moving cautiously on AI. Then came ChatGPT. ≪워싱턴 포스트≫.

03
'닷컴'에서 '닷AI'로, 돈이 몰린다

2024년은 '인공지능 승자'들의 '시총 1위 자리 빼기' 싸움이 절정에 달했던 해라 해도 과언이 아니다. 포문을 연 것은 일찌감치 오픈AI와 손잡은 마이크로소프트였다. 검색 · 클라우드 분야에서 애플이나 구글, 아마존에 밀렸던 마이크로소프트는 오픈AI 대주주로서 자사 클라우드 '애저'를 통해 챗지피티를 독점 공급하게 되면서 세계에서 최고로 가치 있는 기업 반열에 다시 올라서게 됐다.

닷컴 열풍 떠오르는 인공지능 열풍

"닷에이아이(.AI)라는 말을 회사명에 넣어야만 투자를 잘 받을 수 있다는 강박을 버려라." 2024년 1월 미국 실리콘밸리에서 열린 한인 중심 네트워크 파티에서 한 선배 창업자가 스타트업(신생 기업) 창업자들을 위해 한 말이다. 이 권유는 반대로 '생성형 인공지능' 분야에 대한 장밋빛 전망 속에 관련 창업 붐이 얼마나 거세게 일고 있는지 보여 주는 말이기도 하다. 이른바 '닷에이아이 열풍'에 힘입어 투자와 주가 상승에 대한 욕망과 기대가 커지고 있는 셈이다.

닷에이아이 열풍은 이름부터 비슷하기에 여러 면에서 1990년대 '닷컴(.com) 열풍'을 떠오르게 한다. 1990년대 중반부터 2000년 전후 인터넷 기술을 기반으로 한, 이른바 '닷컴 기업' 창업 붐이 일었고 이들 기업의 주가가 폭등하는 분위기가 이어졌다. 이 시기는 대중이 인터넷이라는 신기술을 접하고 폭발적으로 사용하게 된 시기와 겹친다.

우리나라 벤처기업의 역사를 기록한 『대한민국 벤처 20년사』(벤처기업협회 펴냄)에서는 '국내 벤처 1호'로 1980년에 설립된 삼보컴퓨터를 꼽는다. 당시 서울 청계천에 있는 작은 사무실에서 창업했다는 이야기는 창고에서 시작됐다는 미국 기업(애플)을 떠올리게 한다. 본격적으로 벤처 붐이 일어난 1990년대에는 유독 회사 이름에 '닷컴(.com)'이란 말이 붙은 경우가 많았다. 기술 기업이라는 이미지를 줬기 때문이다.

닷컴 열풍은 얼마 지나지 않아 '닷컴 버블'로 이어졌고 당시 상황을 설명할 때면 돈이 몰렸다 사라져 버린, 주가 폭락 사태를 상징적 예로 들곤 한다. 인터넷 기술을 기반으로 한 신생 기업(당시에는 주로 벤처기업이라 불렸다)이 소속된 미국 나스닥 종합주가지수는 1995년부터 2000년 3월까지 무려 800% 폭등했다. 특히 1998년 하반기에 1500 수준에서 2000년 3월에 5000을 넘어서, 1년 6개월여 동안 160%나 상승했다. 그러다 2002년 10월, 무려 78%나 떨어진 1200대로 폭락했다.

국내에서도 1997년 외환위기를 겪은 정부가 벤처기업 육성책을 내놓자 600 선에 머물던 코스닥 지수가 닷컴 열풍을 타고 2000년 3월에 2900 선을 돌파하기도 했다. 하지만 이같이 과열된 주식시장의 열기는 곧 주가조작 논란, 유가 급등, 벤처 거품론 등에 급격히 식으며 2000년 말에 5분의 1 수준인 500대로 곤두박질치고 말았다. 투자와 주식시장이 얼어붙으며 실업자도 양산됐다.

하지만 닷컴 열풍이 주가 하락 등 부정적인 면만을 지닌 것은 아니었다. 기술력과 사업가 정신으로 무장한 새로운 창업가들이 출현하면서 재계의 부자 순위가 흔들릴 정도로 파급효과가 컸다. 또한 전 세계적으로도 경쟁력 있는 기술 기업이 태동하기도 했다. 2012년 재벌닷컴이 발표한 45세 미만의 부자 순위에는 김정주 넥슨 창업주, 김택진 엔씨소프트 창업주, 이해진 네이버 창업주, 박관호 위메이드 창업주 등이 이름을 올렸다.

그렇다면 생성형 인공지능 열풍이 분 뒤 닷에이아이에는 얼마나 돈이 몰리고 있을까? 2024년은 '인공지능 승자'들의 '시총 1위 자리 뺏기' 싸움이 절정에 달했던 해라 해도 과언이 아니다. 포문을 연 것은 일찌감치 오픈AI와 손잡은 마이크로소프트였다. 검색·클라우드 분야에서 애플이나 구글, 아마존에 밀렸던 마이크로소프트는 오픈AI 대주주로서 자사 클라우드 '애저'를 통해 챗지피티를 독점 공급하게 되면서 세계에서 최고로 가치 있는 기업 반열에 다시 올라서게 됐다.

2024년 1월 미국 증권가에서 가장 뜨거운 소식은 마이크로소프트가 애플을 제치고 시가총액 1위 기업으로 올라섰다는 사실이었다. 1월 12일 기준으로 마이크로소프트 주가는 전날보다 1% 오른 388.47달러로 마감해 시가총액이 2조8900억 달러로 상승했다. 반면 애플 주가는 185.92달러로 시가총액 2조8700억 달러에 머물렀다. 증권업계에서는 생성형 인공지능에 대해 말을 아끼는 데다 스마트폰 수요가 둔화하고 있는 애플이 주춤한 반면 마이크로소프트는 인공지능 덕에 힘을 받고 있다고 분석했다.

마이크로소프트는 이미 생성형 인공지능의 대표 주자인 오픈AI에 130억 달러(한화 18조 원)를 투자해 지분 49%를 보유하고 있다. 이러한 대주주 지위와 계약 관계를 통해 챗지피티를 자사 클라우드 애저에서 독점 공급하고 운영체제(OS)부터 소프트웨어(SW)까지 자체 인공지능 서비스인 코파일럿(Copilot)에 탑재하며 인공지능 사업을 확대하기 용이한 구조를 만들어 나가고 있었다.

전 세계적인 투자 열풍 속에 오픈AI에도 돈이 모여들고 있었다. 2024년 10월 오픈AI는 자사 블로그에서 "66억 달러(8조7000억 원) 규모의 추가 투자금 조달에 성공했다"고 발표했다. 샘 올트먼 최고경영자가 전 세계 투어를 다니며 직접 투자도 유치한 결과 오픈AI의 기업 가치는 2024년 1570억 달러(약 208조1800억 원)로 올라섰다. 이 투자 계약은 역대 최대 규모의 비상장 기업 투자(private investments) 기록이다.

2024년 6월에는 생성형 인공지능 열풍 속에 가장 '알짜배기' 이익을 본 '고성능 그래픽 칩' 생산 기업 엔비디아가 시가총액 1위 자리에 올랐다. 거대한 컴퓨팅 파워가 필요한 인공지능 시대에 처리 속도와 효율이 뛰어난 고성능 칩은 '없어서 못 파는' 물건이 된 지 오래였다. 챗지피티의 방대한 데이터 학습에는 엔비디아의 인공지능 반도체 'A100'이 1만 개 넘게 활용된 것으로 알려졌다. 6월 18일 미국 뉴욕 증시에서 엔비디아 주가는 전일 대비 3.51% 오른 135.58달러에 거래를 마쳐 시총이 3조3350억 달러(4609조 원) 수준으로 불어났다. 전날까지 시총 3위에 머물렀던 엔비디아가 마이크로소프트(3조3173억 달러)와 애플(3조2859억 달러)을 제치고 시총 1위 자리를 차지하는 순간이었다. 엔비디아가 시총 1위에 오른 건 처음 일어난 일이었다.

거품 꺼질 것인가에는 엇갈린 의견

생성형 인공지능 기술 구현을 위한 장비 기업인 셈인 엔비디아의 약진에 닷컴 버블 당시의 시스코를 떠올리는 이도 많다. 시스코는 2000년 3월 닷컴 열풍 당시 시가총액 1위까지 올라서며 주목을 받았던 기업이다. 인터넷 인프라에 필요한 통신 등의 장비를 만드는 기업이었기 때문에 인터넷 열풍 당시 실질적인 수익을 거둔 기업이기도 했다. 앞으로도 수요에 대한 기대가 컸다. 2000년부터 5년 동안 시스코 주가는 무려 45배나 올랐다. 하지만 닷컴 버블이 꺼지기 시작하자 최고 80달러에 이르렀던 시스코 주가는 10달러대까지 폭락했다.

이렇듯 닷컴 버블 당시의 상황과 비교하며 과열된 닷에이아이 열풍을 경계하자는 목소리도 나온다. 2024년 7월 골드만삭스의 주식 리서치 책임자인 짐 코벨로는 팟캐스트에서 "현재 AI 개발에 1조 달러가 투자되고 있고 과대광고가 심하다. 1990년대 후반 닷컴 기업에서 일어난 버블(거품) 현상을 생각해 보라. 빅테크가 인공지능에 투자한다 해도 아이폰이나 인터넷에 버금가는 경제 혁명은 일어나지 않을 것이며 실제 생성형 인공지능이 세상에 소개된 지 18개월이 지났지만 비용 효율성은 물론이고 진정으로 혁신적인 애플리케이션은 하나도 발견되지 않았다"고 지적했다.

2023년까지만 해도 인공지능 덕분에 향후 10년 동안 세계 국내총생산(GDP)이 7% 증가할 것이란 전망을 내놓으며 '생성형 인공지능 열풍'에 힘을 실었던 골드만삭스였다. 골드만삭스는 짐 코벨로의 팟캐스트 발언이 골드만삭스의 의견과 일치하는 것은 아니라고 설명했지만 적잖은 충격이 일었다.

학자들의 생성형 인공지능 열풍 비판도 노골적이다. 위에서 언급한 골드만삭스의 팟캐스트에 출연한 노벨 경제학상 수상자 대런 애스모글루 교수는 "생성형 인공지능에 대한 투자 붐은 과장된 광고에 의해 주도되고 있다. 그와 같은 거대한 투자 붐은 낭비일 수 있다"고 지적했다. 미국 시카고대 인공지능 학자인 벤 자오 교수도 2024년 ≪한겨레≫ 인터뷰에서 "현재 생성형 인공지능은 투자와 주가를 올리기 위한 마케팅이 너무 심한 상태이며 실체는 없어 향후 주가가 떨어지는 것은 당연한 일"이라고 진단하기도 했다.

하지만 인공지능 열풍의 향방을 둘러싸고 과거 2000년 초반의 닷컴 버블과 같은 폭락 사태를 우려하는 것은 시기상조라는 평가도 나온다. 국제금융센터가 발표한 '2024년 하반기 세계경제 · 국제금융시장 전망' 보고서는 인공지능이 증기 · 내연기관, 전기 · 전자, 컴퓨터 · 인터넷 등 과거 혁신 기술과 같이 글로벌 경제 · 산업의 지평을 바꿀 혁신 기술이 될 것이라는 낙관적 전망이 우세하다고 진단했다.

참고문헌

권순완·오로라(2023.2.8). 챗GPT는 요술봉? 살짝만 스쳐도 주가 급등. ≪조선일보≫.

국제금융센터(2024.7.1). 2024년 하반기 세계경제·국제금융시장 전망 및 주요 이슈.

이재연(2024.6.19). MS·애플 제친 엔비디아 시총 1위…'인공지능 3파전' 최후의 승자는? ≪한겨레≫.

정의길·노지원(2024.8.13). 엔비디아에 '닷컴 버블' 시스코 어른어른…'AI 버블' 대비해야 해? ≪한겨레≫.

Goldman Sachs Exchanges(2024.7.16). A skeptical look at AI investment.c

04
열풍의 승자들

생성형 인공지능 열풍이 불어닥친 뒤 '게임의 승자'가 된 기업의 경영자들은 '시대의 패러다임을 주도하고 앞서가는 리더'로 각광받게 됐다. 전 세계 기업인들은 물론 정치인들도 이들을 만나려 줄을 서고 관련 투자에도 돈이 몰렸다. 동시에 생성형 인공지능 시대의 승자들을 향해 비판의 목소리도 높아져 갔다.

전 세계 '국빈급' 환대받은 샘 올트먼

생성형 인공지능 열풍이 불어닥친 뒤 '게임의 승자'가 된 기업의 경영자들은 '시대의 패러다임을 주도하고 앞서가는 리더'로 각광받게 됐다. 전 세계 기업인들은 물론 정치인들도 이들을 만나려 줄을 서고 관련 투자에도 돈이 몰렸다. 생성형 인공지능 산업 관련주는 주가가 치솟고 시가총액 상위는 인공지능 기업들이 차지했다. 전 세계적으로 인재 쟁탈전이 벌어지면서 인공지능 개발자들의 몸값이 치솟았다.

동시에 생성형 인공지능 시대의 승자들을 향해 비판의 목소리도 높아져 갔다. 2024년 노벨 경제학상을 수상한 대런 아세모글루 교수와 사이먼 존슨 교수는 이 승자들을 '비전 과두 귀족'이라 일컫는다. 이들은 2024년 펴낸 『권력과 진보』에서 "소수의 테크놀로지 리더를 과두 귀족이라 일컫는 이유는 동일한 사고방식과 태도를 가진 소수로 구성된 배타적인 집단이 사회적 권력을 독점하고서 그 권력이 목소리를 내지 못하는 사람들에게 미치는 파괴적인 영향은 무시하고 있다는 의미"라고 밝혔다.

인공지능 열풍의 승자로서 그 인기를 가장 만끽한 이는 단연 샘 올트먼 오픈AI 최고경영자라 할 수 있다.

1985년생으로 스탠퍼드대학을 중퇴한 그는 2022년 챗지피티 공개 뒤 생성형 인공지능 열풍이 불자 단숨에 스타트업 CEO에서 '2023년 타임지가 선정한 영향력 있는 100인'의 중앙에 우뚝 설 정도로 인지도가 수직 상승했다. 그는 2023년 3월부터 서울을 포함해 토론토, 리우데자네이루, 마드리드, 브뤼셀, 뮌헨, 런던, 파리, 두바이, 뉴델리, 싱가포르, 도쿄 등 전 세계 17개국 주요 도시를 도는 '오픈AI 투어 2023(OpenAI Tour 2023)'에 나섰고 각 나라에서 어마어마한 환대를 받았다.

미국 언론 비즈니스 인사이더는 샘 올트먼의 월드투어가 끝나갈 즈음인 2023년 6월 24일, 그의 화려한 행보에 대해 '샘 올트먼은 AI의 설득력 있는 설교자다. 세상은 그에게 절할 준비가 되어 있다(Sam Altman is AI's compelling preacher. The world is ready to bow down.)'라는 제목으로 보도했다. 그를 향한 전 세계적 환대가 '절을 하는 모습' 정도였다는 표현이다.

올트먼과 그의 오픈AI 팀은 텔아비브에서 이스라엘 대통령 이츠하크 헤르초그를 만났고 인도에선 나렌드라 모디 총리, 한국에선 윤석열 대통령, 프랑스에선 에마뉘엘 마크롱 대통령, 영국에선 리시 수낵 총리를 만났다. 이는 일개 스타트업 대표보다는 세계적 리더에게나 어울리는 환대였다. 전 세계 리더들은 샘 올트먼을 만나 생성형 인공지능 열풍을 이해하고 손잡아 시대에 뒤처지지 않으려는 기색이 역력했다.

갈수록 커지는 영향력과 투자 유치를 위한 그의 과감한 행보는 '안전한 인공지능 개발'에 초점을 맞추던 오픈AI 이사회를 자극했다. 결국 챗지피티가 세상에 공개된 지 1년 만인 2024년 11월, 이사회는 전격적으로 샘 올트먼을 최고경영자 자리에서 물러나게 하는 결정을 내렸다. 이에 오픈AI 대주주인 마이크로소프트를 포함한 투자자들이 반발하고 직원들도 동요하자 결국 5일 만에 샘 올트먼이 복귀하는 상황이 벌어졌다. 이 사태로 샘 올트먼은 더욱 승승장구하는 '승자'로 군림하며 이후의 오픈AI 개술 개발 방향을 주도하게 됐다.

쇠락하던 MS를 살렸다는 사티아 나델라

챗지피티가 세상에 공개된 2022년 말 이후 구글과 애플을 중심으로 한 테크 업계를 뒤흔든 뉴스는 단연 마이크로소프트가 일찌감치 오픈AI에 대규모 투자를 해 이미 독점 계약을 맺었다는 사실이었다. 특히 마이크로소프트는 생성형 인공지능이 열풍 수준으로 인기를 끈 2023년 1월 오픈AI와 공식 파트너십을 체결했다고 발표했다.

2019년과 2021년에 이은 세 번째 투자였는데 투자액은 100억 달러(약 12조3500억 원)에 달하는 것으로 알려졌다. 2019년부터의 누적 투자액은 130억 달러(약 17조 원) 정도다.

이 투자가 놀라웠던 점은 금액 자체도 마이크로소프트의 역대 투자 중 네 번째로 컸지만 구글이나 아마존 등에 비해 밀려 있던 마이크로소프트의 클라우드(애저) 사업에 날개를 달아 주는 조건이었다는 것이다. 당시 사티아 나델라 마이크로소프트 최고경영자는 "우리는 최첨단 AI 연구를 책임감 있게 발전시키고 AI를 신기술 플랫폼으로 민주화하려는 공동의 야망을 중심으로 오픈AI와 파트너십을 맺었다"며 "마이크로소프트의 '애저' 플랫폼을 통해 최고의 AI 인프라 · 모델 · 도구 체인을 구축하고 실행할 수 있게 됐다"고 밝혔다. 즉, 챗지피티가 애저에 통합된 셈이었다.

오픈AI와의 파트너십을 공식 발표한 뒤 마이크로소프트 주가는 1% 상승했다. 2023년 11월 샘 올트먼 축출 사태 당시에는 사티아 나델라 최고경영자가 샘 올트먼을 영입하겠다고 발표하자 주가는 2.05% 오른 377.44달러(약 48만8596원)로 급등해 종가 기준 사상 최고치를 기록했다. 이날 장중에는 378.87달러(약 49만447원)까지 치솟아 52주 신고가를 기록했다. 결국 2024년 1월 14일, 오랜 시간 애플에 밀려 왔던 마이크로소프트는 드디어 시가총액 1위 자리를 탈환했다.

이쯤 되자 세간에는 '사티아 나델라 리더십'이란 말이 유행하기 시작했다. 인도 출신인 그는 미국에서 큰 성공을 거둔 이민자의 상징이자 쇠락하던 마이크로소프트를 부활시킨, 회사 설립자를 능가하는 '위대한 경영자(refounder · 재창업자)'라는 평가를 받게 됐다. 비즈니스포스트는 2024년 2월 "사티아 나델라는 사막에서 길을 잃고 죽어 가던 마이크로소프트를 살려 낸 '공감의 리더십'으로 큰 주목을 받고 있다"고 보도했다. 사내에 수평적인 '해커톤 문화'가 활성화되고, 예전에는 없던 다양성과 포용성이 마이크로소프트에 스며들고 있다는 분석이었다. 또 그가 기존 조직 문화를 바꾸는 데 주저하지 않았고 크고 위험하고 대담한 목표(Goal)를 세워 성공했다고 찬사를 보냈다.

인공지능 시대 리더십 상징 된 젠슨 황

2024년 6월 로이터는 엔비디아의 젠슨 황 최고경영자의 인기에 대해 "팝스타처럼, 엔비디아 CEO 황, 대만에서 '젠새너티'를 불러일으키다(Like a pop star, Nvidia's

CEO Huang stirs up 'Jensanity' in Taiwan)"라고 보도했다. 그의 이름을 따 '젠새너티'라는 신조어가 만들어질 정도로 뜨거운 인기는 미국 실리콘밸리뿐 아니라 그의 고향인 대만에서도 이어졌다는 것이다.

로이터는 젠슨 황이 대만을 방문했을 때 그가 가죽 재킷을 입고 플라스틱 컵에 맥주를 담아 들고는 주변에 모인 사람들에게 "누가 최고의 그래픽 카드를 만드는가?"라고 소리치자 모두가 "엔비디아!"라고 큰 소리로 답했다고 보도했다. 로이터가 대만에서 만났다는 38세 엔지니어 홀 창은 "젠슨 황은 정말 영감을 주는 사람"이라며 "그가 하는 일이 세상을 바꿀 것"이라고 말했다고 밝혔다.

막대한 컴퓨팅 파워가 필요한 생성형 인공지능 시대로 들어선 이래로 가장 수혜를 입은 기업은 고효율 그래픽 칩을 만들어 오던 엔비디아였다. 칩이 없어서 못 팔 정도인 엔비디아는 결국 2024년 6월 애플과 마이크로소프트를 꺾고 시가총액 1위 자리에 올라섰다. 이후에도 세 기업은 엎치락뒤치락했지만 이제 엔비디아는 명실상부한 시가총액 세계 최대 기업의 반열에 올라섰다.

그의 리더십에 대한 기사와 책 출판이 이어졌다. 2024년 출간된 『젠슨 황, 게임의 룰』(2024)을 보면 "2024년 노벨 물리학상 수상자인 토론토대학 교수 제프리 힌턴과 그의 제자 일리야 수츠케버와 알렉스 크리제브스키가 2012년에 '시각인식 경연대회'에서 엔비디아 GPU로 훈련한 인공 신경망 '알렉스넷'을 선보였을 때 정보력을 총동원한 젠슨 황은 딥러닝의 시대가 본격 도래할 것을 간파했다. 그는 어느 금요일 밤 '모든 것은 딥러닝이 된다. 엔비디아는 더는 그래픽 회사가 아니다'라는 이메일을 임직원들에게 보냈다. 그 이메일 발송이 바로 엔비디아가 AI 기업으로 탈바꿈한 시작이었고, 슈퍼컴퓨팅을 대중화하려는 엔비디아 CEO의 오랜 노력이 성공을 거둔 순간이었다"고 한다.

최고의 리더인가 '현대판 과두 귀족'인가

이러한 '생성형 인공지능 시대의 승자들'을 바라보는 시각 중에는 위험성을 경고하는 목소리도 있다. 2024년 펴낸 『권력과 진보』에는 이런 표현이 등장한다. "비전 과두 귀족은 실제로 놀라운 경제적 성공을 거둔 사람들이기 때문에 너무나 설득력 있어 보인다. 새로운 테크놀로지, 특히 기하급수적으로 증가하는 인공지능 역량이 막대한 풍요와 자연에 대한 막강한 지배를 가져다주리라는 내러티브도 이들의 설득력을 강화한다. (인공지능을 사람에게 이롭게 사용하기 위해) 현대판 과두 귀족을 제어하는 것은 매우 중요하다."

참고문헌

대런 아세모글루 & 사이먼 존슨(2024). 『권력과 진보』, 57-58쪽. 생각의힘.

Business Insider(2023.6.24). Sam Altman is AI's compelling preacher. The world is ready to bow down.

Blanchard, B. & Cherney, M. A.(2024.6.5). Like a pop star, Nvidia's CEO Huang stirs up 'Jensanity' in Taiwan. *Reuters.*

05
동맹의 출현과 패권 경쟁

전 세계는 기업과 국가 단위 모두가 협력자와 동맹체를 찾고 구성하는 일로 분주해졌다. 막대한 투자자금을 회수하기 위한 인공지능 기업들의 노력은 자사의 모델을 포함한 '생성형 인공지능 생태계'가 조성될 수 있도록 기업 간, 국가 간 동맹을 출범하게 했다. 동시에 인공지능 규제 논의에서 주도권을 잡기 위한 국가 간 경쟁도 치열해졌다.

미중 패권 전쟁과 딥시크의 등장

생성형 인공지능 기술을 둘러싸고 팽팽해져 온 미중 패권 전쟁의 긴장감이 2025년 초 폭발 지경으로 대중의 눈앞에 모습을 드러냈다. 미국이 대중국 반도체 수출을 막고 '챗지피티(ChatGPT) 열풍'을 일으킨 2022년 말 이후, 세계는 미국의 독주를 지켜보면서도 중국의 약진 가능성을 우려해 왔다. 결국 2025년 2월 중국 '딥시크'가 한국을 포함한 세계 곳곳에서 애플 앱스토어 다운로드 1위 앱 자리를 꿰찼다. 무슨 일이 일어난 걸까.

'딥시크 열풍'은 2025년 1월 20일, 중국 스타트업 딥시크가 '미국 빅테크 대비 10분의 1 비용'을 앞세운 생성형 인공지능 모델 '딥시크 알원(Deepseek R-1)'을 대중에 무료로 공개하면서 점화됐다. 그들은 지난 2년여 동안 세계 최정상의 지위를 누려 온 미국의 인공지능 대표 기업 오픈AI의 최신 모델을 정확히 조준했다. 누리집(홈페이지)에는 "딥시크는 오픈AI의 오원(o1) 모델과 경쟁하고 있다"며 미국 디즈니의 대표작 〈겨울왕국〉의 주제곡 제목이기도 한 '미지의 세계로(Into the unknown)'라는 문구를 적어 두었다.

이로써 그동안 '미지(unknown)'의 영역에 갇힌 듯했던 중국의 인공지능 기술이 베일을 벗었다. 이미 2023년 기준으로 중국은 전 세계에서 출판된 인공지능 논문 중 40%를 점유했는데 기업 중심인 미국과 달리 대부분 학계 주도였다. 국가 중심으로 막대한 데이터를 보유한 중국은 지난해 '에이아이(AI) 플러스'라는 정부 차원의 인공지능 산업 육성책을 내놓은 상황이었다. 2022년 10월부터 미국이 인공지능용 고성능 칩의 중국 수출을 봉쇄해 왔기에 중국의 대응에 관심이 집중돼 왔다.

딥시크는 이런 호기심을 한 방에 날리려는 듯 '딥시크 R-1'의 학습 데이터를 제외한 모든 부분을 개방형(오픈소스)으로 공개했다. 게다가 상세한 기술보고서까지 함께 내놔 자신들이 얼마나 낮은 비용으로 고성능 모델을 만들었는지를 만천하에 자랑했다. '오픈'이라는 이름과 달리 폐쇄형으로 학습 데이터부터 훈련 방법까지 모두 비밀에 부치는 오픈AI와 정반대의 행보였다.

딥시크 기술보고서를 본 전 세계 인공지능 전문가들이 놀랍다는 반응을 내놓기 시작하면서 '딥시크 쇼크'라 불릴 정도의 분위기가 조성됐다. 소모되는 컴퓨팅 파워를 줄인 아이디어나 '규모의 법칙'에 따른 사전학습이 아닌 강화학습으로 '아하 모먼트(기계가 깨닫는 순간)'를 이끌어 낸 방법 등에서 '생각의 전환'을 엿볼 수 있었기 때문이다. 샘 올트먼조차 1월 28일 엑스(옛 트위터)에서

"가성비를 고려할 때 인상적인 모델"이라고 평가했다.

'딥시크 알원'은 강화학습을 통해 추론 능력을 보유한 '사고형 인공지능'에 속한다. 딥시크는 기술보고서에서 '알원'이 미국 수학경시대회 테스트에서 오픈AI의 '오원'을 이겼다고 주장했다. 그간 오픈AI는 '오원'이 미국 수학 올림피아드 예선에서 미국 학생 상위 500위에 들고 물리 · 생물학 · 화학 벤치마크에서 인간 박사 수준을 넘어섰다고 자랑해 왔다.

가장 핵심적인 메시지는 '미국의 봉쇄에도 불구하고 중국은 저성능 반도체를 활용해 저비용으로 고성능 인공지능 개발에 성공했다'는 것이다. 딥시크는 '알원'을 학습시키는 데 사용한 '딥시크 브이3'의 훈련 비용이 557만 달러(80억 원)에 불과하다고 밝혔다. 기술보고서를 보면 "1조 개 토큰(인공지능이 인식하는 문자 단위)을 학습하는 데 2048개 H800(엔비디아가 중국 수출용으로 성능을 낮춘 반도체) 그래픽처리장치(GPU) 클러스터에서 3.7일이 걸린다. 사전학습 단계는 2개월 이내에 완료되고 사후학습 시간을 합치면 총학습 비용은 557만 달러에 불과하다"고 설명하고 있다. '알원'과 가장 비슷한 미국 메타의 오픈소스 모델 '라마 3.1'은 엔비디아의 고성능 인공지능 칩인 H100을 1만6000개 써서 훈련했기에 수

억 달러가 넘는 비용이 들었다.

인공지능 업계가 딥시크의 설명을 모두 받아들이는 것은 아니다. 2022년 10월부터 미국 바이든 정부가 중국에 고성능 반도체 수출길을 봉쇄했기에 딥시크가 H800만 사용했다고 하지만 이미 확보해 놓은 H100이 있었을 것이라는 이야기가 나오고 있다. 또 딥시크 모델들을 훈련하는 데 오픈AI의 생성형 인공지능 결괏값이 활용됐다는 의혹도 강하게 제기되고 있다. 천안문 사태 등에 제대로 답을 못 한다며 딥시크 답변의 '중국 편향' 문제를 지적하는 보도도 이어지고 있다.

이러한 의혹에도 불구하고 딥시크의 등장은 이미 '제2의 스푸트니크 충격'으로 불리고 있는 상황이다. 구소련이 1957년에 세계 최초로 인공위성 스푸트니크를 발사하면서 미국의 우주 산업이 구소련보다 뒤처졌음을 확인해 준 사건을 떠올리게 한다는 뜻이다. 이후 미-소 간 '우주 경쟁'이 격화된 상황을 되짚으면 '딥시크 쇼크'가 가져올 미래를 상상해 볼 수 있다.

이득과 계약관계 따라 동맹 형성

"기본적으로 거대언어모델은 지속적으로 투자 비용이 많이 들어가고 기술도 계속 빠르게 발전하기 때문에 실제 비즈니스 성공 사례를 만들어 내는 주요 기업들 몇 개로 수렴되지 않을까 싶다. 2023년 하반기는 초거대 인공지능 생태계라는 것이 본격적으로 시작되는 시기가 되지 않을까 예상한다. 국가 단위로는 초거대 인공지능 동맹 같은 것이 만들어질 수도 있겠다. 초거대 인공지능은 이제 국가 경쟁력을 좌우하는 전략 기술이기 때문이다."

2023년 8월 ≪한겨레≫ 인터뷰에 나섰던 하정우 네이버 퓨처AI센터장은 국가 간 '패권 경쟁'과 동맹의 출현을 점쳤다. 당시는 마이크로소프트와 손잡은 오픈AI가 챗지피티를, 구글이 바드를, 네이버가 하이퍼클로바엑스 등 응용프로그램 인터페이스(API) 기반의 초거대 인공지능 모델을 내놓은 시점이었다. 국가 간 패권 경쟁이 한 축이라면 다른 한 축은 생성형 인공지능 시장을 주도하려는 기업들의 기술 개발 경쟁과 동맹체 출현이었다.

거대한 투자를 바탕으로 한 초거대 인공지능 사업 모델이 속속 나오던 2023년, 페이스북의 모회사 메타가 거대언어모델 '라마2(Llama2)'를 오픈소스(개방형)으로 공개한다고 밝혔다. 메타 최고경영자 마크 저커버그는 "소프트웨어가 개방돼 있으면 더 많은 사람이 문제를 찾아내고 식별하고 해결할 수 있어 안전과 보안을 향상할 수 있다"며 소스 개방이 혁신을 촉진할 것이라고 말했다.

폐쇄형 유료 모델과 개방형 모델이 뒤섞이며 경쟁 구도가 복잡해졌다.

이후 하정우 센터장의 예언대로 전 세계는 기업과 국가 단위 모두가 협력자와 동맹체를 찾고 구성하는 일로 분주해졌다. 막대한 투자 자금을 회수하기 위한 인공지능 기업들의 노력은 자사의 모델을 포함한 '생성형 인공지능 생태계'가 조성될 수 있도록 기업 간, 국가 간 동맹을 출범하게 했다.

우선 기업들은 각자의 이득과 계약관계에 따라 동맹체를 형성했다. 오픈AI에 대한 대규모 투자로 생성형 인공지능 열풍의 주도권을 잡은 마이크로소프트는 엔비디아와 협력해 거대한 데이터센터라는 물적 기반을 바탕으로 인공지능 사업을 확대해 갔다. '환각 현상' 등 생성형 인공지능의 문제점과 검색 광고 시장에 미칠 영향 등을 고려해 관련 서비스의 출시가 늦어졌던 구글도 광고 시장과 운영체제(안드로이드)에서의 독점력을 바탕으로 삼성전자, 구글, 엔비디아, 세일즈포스 등과 동맹체를 형성해 갔다.

동맹 형성에 가장 적극적인 곳들은 '오픈소스 모델'을 통해 인공지능 생태계를 확장하는 길만이 살길이라는 판단을 내린 기업들이었다. 즉, 오픈소스 모델로 시장이 커져서 자신들이 판매하는 제품이 '생성형 인공지능 붐'에 올라타야 한다는 절박함이 있는 후발 주자들이었다. 2023년 말 메타 · 인텔 · IBM 등 개방형 인공지능 모델 개발을 추진하는 기업과 연구기관 등 50개사가 공동으로 '에이아이 얼라이언스(AI Alliance · 인공지능 동맹)'를 결성했다. '오픈소스 인공지능 모델' 중심의 사업으로 함께 칩부터 하드웨어, 소프트웨어까지 개발해 가며 시장 자체를 키워 보겠다는 전략이었다. 인공지능 동맹은 "인공지능 기술이 특정 빅테크에 종속되어서는 안 된다"는 점을 강조하며 "다양한 모델을 활용할 수 있는 도구를 제공해 인공지능이 더 민주적으로 활용되게 하는 근간을 만들 것"이라고 강조했다.

이를 위해 인텔은 '인공지능 PC'라는 개념과 함께 막대한 전력과 용량을 잡아먹는 인공지능 기술을 작은 칩 안에 구현하기 위해 40년 만에 설계에 큰 변화를 줬다고 소개했다. 이용자가 원하는 정도의 성능을 제공하기 위해 당장 필요하지 않은 칩의 한쪽 부분은 꺼 두는 방식으로 전력 소모를 줄이고 최적화했다. PC 제조사들과 손잡고 2024년에 인공지능 PC 230여 개 모델이 나오는 것을 시작으로 관련한 수백 개 애플리케이션이 나오는 등 '인공지능 PC' 생태계를 만들어 동맹에 소속된 각사가 모두 매출을 올린다는 전략이다.

2024년 1월 미국 실리콘밸리에서 열린 삼성의 인공지능 휴대전화 '갤럭시 AI' 발표 행사(언팩) 역시 구글과의 동맹 관계를 강조하는 모양새였다. 갤럭시 새 모델의 인공지능 기술은 구글 인공지능 모델 '제미나이(Gemini)'를 기반으로 한다. 삼성의 언팩 행사장에선 구글 플랫폼&에코시스템 사업부의 히로시 록하이머 수석 부사장이 삼성전자의 언팩 일정에 맞춰 공개한 '서클 투 서치(Circle to Search)' 기능 등을 시연하며 상세히 소개했다.

글로벌 빅테크들의 합종연횡에 국내 기술 기업들도 분주해졌다. 특히 국내 이동통신사들이 저마다 '인공지능 기업'으로 거듭나겠다고 선언하며 협업 기업 찾기에 분주했다. 2024년 KT는 마이크로소프트와 합작 사업을 벌이기로 결정했고 SK텔레콤은 2024년 2월 도이치텔레콤, 싱텔그룹, 소프트뱅크 등 대륙별 주요 통신사와 손잡고 합작 법인을 설립해 통신사 특화 인공지능 기술을 개발하겠다고 선언했다.

자체 초거대 인공지능 모델 개발과 생성형 인공지능 챗봇의 검색 서비스 접목을 이뤄 낸 네이버는 '소버린 인공지능'을 통한 동맹·협력 체제를 구축 중이다. 소버린 인공지능이란 데이터 주권을 갖기 위해 국가별로 자체 구축하는 인공지능 기술을 뜻한다. 이해진 네이버 창업자 겸 글로벌투자책임자(GIO)는 2024년 5월 '인공지능(AI) 서울 정상회의'에 참석해 "극소수 인공지능이 '현재'를 지배하게 되면 과거 역사, 문화에 대한 인식은 해당 인공지능의 답으로만 이뤄지게 되고, 결국 '미래'까지 큰 영향을 미치게 된다"며 소버린 인공지능 개발의 중요성을 강조했다. 네이버는 미국(영어) 데이터 중심의 '챗지피티'보다 한국어를 6500배 더 많이 학습한 '한국어 특화 모델'을 개발하는 한편 사우디아라비아 정보통신회사인 아람코디지털과 파트너십을 체결하는 등 '자국 중심 모델'을 원하는 국가와 협업을 하고 있다.

규제 둘러싼 국가 간 주도권 다툼

국가 간 패권 경쟁은 생성형 인공지능에 대한 논의를 복잡하게 하고 있다. 특히 중국의 부상은 이미 돈이 몰려 있어 작은 변동성에도 크게 반응하는 미국 인공지능 시장을 뒤흔들었다. '딥시크 알원'이 공개된 지 일주일이 지난 시점인 1월 27일부터 31일 사이에 엔비디아 주가가 15.8%까지 하락했다. 빅테크들조차 없어서 못 사던, 개당 수만 달러에 달하는 엔비디아의 고성능 칩 없이도 인공지능 기술을 고도화할 수 있을지 모른다는 의구심이 고개를 들기 시작한 것이다.

딥시크는 중국 저장대 전자정보공학 석사 출신인 량원펑(40)이 2023년 5월 설립한 신생기업(스타트업)이다. 그는 대학 졸업 뒤인 2015년 '하이-플라이어(High-Flyer)'라는 헤지펀드를 설립한 뒤 인공지능 투자 기법을 접목해 큰 성공을 거뒀다. 운용자산이 80억 달러(11조 6000억 원)에 달해 중국 헤지펀드 업계의 대표 주자가 된 그는 소규모로 운영해 오던 인공지능 연구소를 2023년 독립회사로 세웠고, 그곳이 바로 딥시크다. 미국의 샘 올트먼 오픈AI 최고경영자도 2019년 가상자산 기업인 월드코인을 설립했으니 '돈'과 '생성형 인공지능 기술 개발'에 대한 깊은 관심이라는 면에서 량원펑과 겹친다.

생성형 인공지능 챗봇을 대중에 무료로 공개함으로써 '열풍'을 일으킨 방식도 두 회사가 비슷하다. 2022년 11월 말 미국의 신생기업 오픈AI 역시 '챗지피티'의 베타버전을 웹상에 공개한 이후 2년여 동안 생성형 인공지능 열풍의 상징으로 군림해 왔다. '헛소리'도 마구 해대는 서비스를 공개해 버리는 일은 규모 있는 기업이 하기 어려운 선택이었다.

다른 점이 있다면 '챗지피티 돌풍' 뒤 미국이 독주하던 지난 2년여 동안에는 그래도 인공지능 '부머(boomer, 개발론자)'와 '두머(doomer, 파멸론자)' 목소리가 함께 나왔다는 점이다. 국가도 기업도 개인도 경쟁력을 갖춰야만 살아남는다고 주장하는 '인공지능 진흥론자'에 '인공지능 규제 · 거품론자'들이 맞서면서 국제적으로 인공지능 윤리와 규제에 대한 논의가 활발하게 진행됐다.

하지만 '중국발 딥시크 쇼크' 이후 분위기가 심상치 않다. '중국이 따라오는데 가만히 있을 수 없다'는 식의 국가 간 패권 경쟁 양상이 강화되자 생성형 인공지능 기술 개발에 대한 '신중론'이 갈수록 설 자리를 잃고 있다. 미국의 행보는 발 빠르다. 중국이 '딥시크 알원'을 내놓은 다음 날이었던 1월 21일 미국 트럼프 대통령은 미국 오픈AI와 오라클, 일본 소프트뱅크와 연합해 인공지능 인프라에 4년에 걸쳐 5000억 달러(725조 원)를 쏟아붓는 '스타게이트 프로젝트'를 시작한다고 발표했다.

'돈을 쏟아붓는 개발 계획'과 함께 인공지능 규제책은 종잇장처럼 날려 버렸다. 트럼프 대통령은 '스타게이트'를 발표하고 이틀 뒤인 1월 23일에 '바이든 행정부의 유해한 인공지능 정책을 철폐하고 미국의 세계적 인공지능 지배력을 강화하는 행정명령'에 서명했다고 발표했다. 정부가 인공지능 개발 · 배포를 통제해 민간 부문의 혁신을 저해한 바이든의 인공지능 행정명령을 철회하고 인공지능 분야에서 미국의 우위를 유지·강화하는 데 총력을 기울인다는 내용이다.

딥시크를 통해 전 세계 개인정보가 중국으로 흘러가는 것을 경계하려는 움직임도 활발하다. 이탈리아, 대만에 이어 오스트레일리아가 정부 기기에서 딥시크 사용을 금지했다. 토니 버크 오스트레일리아 내무부 장관은 2월 4일 "딥시크는 용납할 수 없는 위험"이라고 말했다. 국내에서도 한국수력원자력 등이 딥시크 사용 금지에 나섰다.

문제는 이렇게 정신없는 국가 간 패권 전쟁 구도가 개개인의 인간에게 이로운 방향이냐는 것이다. '상대를 이겨야 내가 사는' 식의 논리가 팽배해지고 생성형 인공지능 산업에 끝없이 돈이 몰리면서 개인 사용자들의 권리와 인류를 위한 미래에 대한 논의는 설 자리를 잃고 있다. '돈의 논리'가 지배하는 2025년 이후 인공지능 패권 전쟁 구도가 불안한 까닭이다.

참고문헌

김종선(2023). 미·중 기술패권시대의 양륜(兩輪), 중국의 과학기술전략 분석 및 모니터링체계 조속히 강화해야.

과학기술정책브리프, 10, 2-4쪽.
김현정(2021). 인공지능 기반 사회에 대비한 EU의 전략과 정책: EU의 AI 규제안을 중심으로. ≪한국과 국제사회≫ 5(4), 264-273쪽.
윤정현·조은정(2024). EU '인공지능 규제법(AI Act)' 통과의 의미와 시사점, 국가안보전략연구원 이슈브리프, 527, 1-4쪽.
임지선(2023.8.31). "인공지능 전쟁 속도 엄청나…국가 단위 동맹 꾸려질 수 있다". ≪한겨레≫.
임지선(2025.2.7). 중국이 쏜 '딥시크', 미국은 '스타게이트' 반격. ≪한겨레21≫.

06
“멈춰야 한다”, 전문가들의 우려

생성형 인공지능 열풍이 한창이던 2023년 4월, 인공지능(AI) 분야의 교수와 연구자 등 3만여 명이 “거대 인공지능 개발 실험을 6개월만이라도 멈추자”는 내용의 공개서한을 발표했다. 2022년 말 오픈AI가 GPT-3.5 버전을 기반으로 한 챗지피티를 공개한 뒤 빠른 속도로 유료화하고,
GPT-4 출시를 이어간 데다
전 세계 빅테크들이 개발 경쟁에 돌입하자
전문가들이 저지하고 나선 것이다.

학자부터 경영진까지 '경고' 나서

생성형 인공지능 열풍이 불어닥친 뒤 전 세계 기술 기업들이 개발 경쟁에 나서자 2023년부터 전문가들의 직접적인 경고가 시작됐다. 인공지능 기술 개발에 직접 참여한 학자, 경영자, 개발자들까지 연이어 우려를 표명하거나 반발하는가 하면 오픈AI 안에서는 최고경영자를 축출하는 일까지 벌어졌다. 2024년 노벨 물리학상과 노벨 경제학상은 모두 인공지능 기술 열풍의 위험성을 경고한 학자들에게 돌아가기도 했다.

생성형 인공지능 열풍이 한창이던 2023년 4월, 인공지능(AI) 분야의 교수와 연구자 등 3만여 명이 "거대 인공지능 개발 실험을 6개월만이라도 멈추자"는 내용의 공개서한을 발표했다. 2022년 말 오픈AI가 GPT-3.5 버전을 기반으로 한 챗지피티를 공개한 뒤 빠른 속도로 유료화하고, GPT-4 출시를 이어간 데다 전 세계 빅테크 기업들이 개발 경쟁에 돌입하자 전문가들이 저지하고 나선 것이다.

미국 비영리단체 생명미래연구소(The Future of Life Institute · FLI)가 주도한 이 서한에는 애초 오픈AI를 비영리 연구소로 창설할 때 참여했던 일론 머스크, 애플 공동 창업자 스티브 워즈니악 등 수많은 저명인사들의 서명까지 포함됐다. 이들은 생성형 인공지능 열풍을 기반으로 한 초거대 인공지능 개발 경쟁을 방치할 경우 허위 정보와 가짜 뉴스가 사회의 신뢰를 훼손하고, 차별과 편견을 증폭할 수 있으며 값싼 생화학 · 사이버 무기 개발로 국가 안보가 위협받을 것이라 경고했다.

이들의 주장은 단 6개월 동안만이라도 초거대 인공지능 개발을 중단하고 안전한 인공지능 기술과 규제 대책을 마련하자는 것이었다. 그들은 서한에서 "우리의 정보 채널에 기계가 만든 선전과 거짓이 넘쳐흐르도록 내버려두어야 할까? 우리는 모든 직업, 심지어 만족스러운 직업까지 자동화해야 할까? 끝내 우리보다 더 똑똑하고, 우리를 대체할 '비인간 정신(nonhuman minds)'을 개발해야 할까? 우리 문명의 통제력을 상실할 위험을 감수해야 할까?"라고 물었다.

2023년 5월 말에는 한층 더 수위 높은 경고가 인공지능 업계에서 터져 나왔다. 비영리단체인 '에이아이(AI) 안전센터'가 "인공지능으로 인한 멸종 위험을 완화하는 것은 전염병이나 핵전쟁 위험 등과 함께 전 세계에서 우선순위로 다뤄져야 한다"는 한 문장의 성명을 발표한 것이다. 인공지능 개발 경쟁으로 인한 위험을 '인류 멸종'에 빗대 경고에 나선 이들은 다름 아닌 인공지능 열풍의 주역들이었다.

성명에는 인공지능 업계를 대표하는 경영자 · 연구자 · 개발자 등 350여 명이 동참했다. 샘 올트먼 오픈에이아이 최고경영자, 데미스 허사비스 구글 딥마인드 최고경영자, 다리오 아모데이 앤스로픽 최고경영자, 케빈 스콧 마이크로소프트 최고기술책임자(CTO) 등 주요 인공지능 기업의 경영자를 비롯해 제프리 힌턴 토론토대 교수와 요슈아 벤지오 몬트리올대 교수 등 대표적인 인공지능 학자들이 이름을 올렸다.

"인공지능 연구 매진, 후회한다"

이 같은 경고는 사회에 인공지능 기술에 대한 규제가 필요하다는 메시지를 던져 주긴 했지만 실질적으로 전 세계 기업들의 개발 경쟁 속도를 늦추지는 못했다. 2023년 한 해 동안 하루가 멀다고 새로운 인공지능 모델과 생성형 인공지능 서비스들이 출시됐다. 전 세계적으로 규제 논의도 시작되고 있었지만 기업의 개발 경쟁 속도를 따라잡기는 어려웠다.

이러한 분위기에 반기를 들며 2023년 4월 인공신경망 개념을 고안해 '인공지능의 아버지'로 불리던 제프리 힌턴 교수가 10년간 몸담았던 구글에 사표를 내기도 했다.

그는 언론에 "50년 가까이 인공지능 관련 연구에 매진해 온 것을 후회한다"며 "앞으로의 인공지능 기술이 방대한 양의 데이터에서 예상하지 못한 행동을 배울 수 있기 때문에 인류에게 위협이 될 수 있으며 나쁜 행위자들이 인공지능을 악용하는 것을 막을 수 없다"고 밝혔다. 덧붙여 "시간이 지나면 인공지능 기술은 인간의 일자리를 빼앗아 갈 것이며 자율적인 킬러 로봇이 현실화될 가능성이 있다"며 "그럼에도 구글이나 마이크로소프트 등 기술 대기업들은 경쟁 구도에 갇혀 위험한 기술 개발과 배포를 멈추지 않을 것"이라고 우려했다.

결국 생성형 인공지능 기술 개발을 통한 영리 추구냐 안전한 인공지능을 만들기 위한 규제 논의냐의 갈등이 커지다가 챗지피티가 세상에 공개된 지 1년을 맞은 2023년 11월, 오픈AI 내부에서 폭발하고 말았다. 오픈AI 이사회가 전 세계를 돌며 투자 유치에까지 적극 나선 최고경영자 샘 올트먼을 갑자기 축출했다가 5일 만에 되돌린 사건이 발생한 것이다. 이 과정에서 오픈AI의 최대 투자자인 마이크로소프트의 개입과 직원들의 동요 등 상징적인 장면이 연출됐다.

올트먼에게 돌연 해임을 통보한 오픈AI 이사회는 당시 "올트먼이 이사회와의 소통에 일관되게 솔직하지 않아 이사회의 책임 수행 능력을 저해했다는 결론을 내렸다"고 설명했다. 올트먼의 '수익화 추진' 방식이 비영리 법인으로 출범한 오픈AI의 정체성에 맞지 않아 해임 사태가 발생했다는 분석이 지배적이었다.

올트먼은 해고된 지 사흘 만에 오픈AI 대주주인 마이크로소프트에 합류하기로 했고, 이후 오픈AI 이사회는 궁지에 몰렸다. 투자자들의 항의는 물론 직원 약 90%가 '이사진 퇴진'을 요구하는 성명을 발표하며 이사회를 비판했다. 결국 샘 올트먼이 해고된 지 5일 만에 다시 오픈AI로 복귀했다. 올트먼은 "새 이사회와 함께 마이크로소프트와의 협업을 이어갈 것"이라 밝혔다.

2024년 6월 오픈AI와 구글 딥마인드 전현직 직원 13명이 공동성명을 발표했다. "우리는 인공지능 기술에 의해 야기되는 심각한 위험을 알고 있다"며 "인공지능 기업은 이윤 추구를 목표로 하느라 제대로 된 감독을 하지 못해 기업 내부의 규제 시스템만으로는 문제를 해결할 수 없다"는 내용이었다. 이윤 추구로 내달리는 인공지능 기업의 실태를 고발하고 나선 것이다.

이들은 "이런 위험은 기존의 불평등을 심화하는 것부터 조작과 잘못된 정보, 잠재적으로 인간의 멸종을 초래하는 인공지능 시스템에 대한 인간의 통제 상실까지 다양하다"며 "이는 전 세계 정부와 다른 인공지능 전문가들, 인공지능 회사들도 인정하는 사실이며 우리는 이런 위험을 적절히 완화할 수 있기를 희망한다"고 밝혔다.

오픈AI 일부 직원들은 한 발 더 나가 2024년 7월 미국 증권거래위원회(SEC)에 오픈AI의 비밀 유지계약에 대한 조사를 촉구하는 서한을 보냈다. 직원들은 이 서한에서 "오픈AI의 기술이 인류에게 미칠 수 있는 위험을 규제 당국에 신고하지 못하도록 회사가 불법적으로 금지하고 있다"고 주장했다.

이들은 오픈AI가 "직원들에게 내부 고발자 보상에 대한 연방 권리를 포기하도록 하고, 회사의 사전 동의를 받아야만 당국에 정보를 공개할 수 있도록 하는 내용의 협약에 서명하도록 했다"며 "지나치게 제한적인 고용·퇴직·비밀 유지 계약을 근거로 회사 쪽은 회사에 대한 우려를 연방 규제 당국에 제기한 직원들에게 책임을 물을 수 있다"고 밝혔다. 이 같은 협약이 내부 고발자를 보호하기 위한 연방법과 규정을 위반한 것이라는 주장이다.

인공지능 개발 경쟁의 위험성에 관한 경고는 2024년 노벨상 수상자들이 이어갔다. 2024년 노벨 물리학상을 수상한 제프리 힌턴 교수는 2024년 10월 수상 소감에서 "내 제자 중 한 명이 샘 올트먼을 해고했다는 사실을 특히 자랑스럽게 생각한다"라고 말했다. 그가 말한 제자는 일리야 수츠케버 전 오픈AI 수석 과학자로, 2023년 샘 올트먼 축출 사태를 주도했던 인물이다. 힌턴 교수는 "샘 올트먼은 안전보다 이익에 훨씬 더 관심을 두었다는 사실이 드러났고 그것은 불행한 일"이라고 말했다.

2024년 노벨 경제학상 수상자인 대런 아세모글루 MIT 교수는 2023년 펴낸 『권력과 진보(Power & Progress)』에서 인공지능의 열렬한 주창자들의 비전이 "자동화, 감시, 대규모 데이터 수집에 초점을 맞추고 있으며, 공유된 번영을 훼손하고 민주주의를 약화하고 있다"고 비판했다. 인공지능 열풍을 주도하는 테크놀로지 리더들을 '비전 과두 귀족'으로 규정하며 "그들의 비전은 소수 지배층의 부와 권력을 증폭하는 동시에 대부분의 평범한 사람들을 희생시켜 경제적 불평등을 심화한다"고 분석했다. 인공지능 개발 경쟁과 열풍에 대한 경고는 계속되고 있다.

참고문헌

대런 아세모글루 & 사이먼 존슨(2023). 『권력과 진보』. 생각의힘.

박지민(2024.10.11). 'AI 대부' 힌턴 "AI 안전 강조한 내 제자, 올트먼 해고 잘했다". ≪조선일보≫.

박지영(2023.11.22). 샘 올트먼, 오픈AI 퇴출 5일 만에 복귀…MS

이직 접어. ≪한겨레≫.

정혜민(2023.7.3). “AI는 무엇도 책임지지 않는다”…인간의 고삐 시급한 이유. ≪한겨레≫.

Future of life(2023.3.22). Pause Giant AI Experiments: An Open Letter,
https://futureoflife.org/open-letter/pause-giant-ai-experiments/

NYT(2023.5.1). ‘The Godfather of A.I.’ Leaves Google and Warns of Danger Ahead.

07
인공지능 기업을 향한 소송 물결

생성형 인공지능 기술 개발의 핵심 지역인 미국은 동시에 이 기술에 반대하는 소송의 중심지가 되고 있다. 인간이 만든 각종 창작물을 데이터로 학습한 뒤에 그를 바탕으로 한 시나 소설, 그림, 영상 등을 생성해 내는 서비스가 자신들의 권리를 침해하는 '범법'을 저지르고 있다는 판단에서다. 어떤 데이터를 학습했는지 해당 모델을 만든 인공지능 기업들이 꽁꽁 숨기면서 화가와 작가 등 창작자, 언론사 등이 소송에 나서는 등 혼란이 이어지고 있다.

할리우드 배우와 작가들의 파업

생성형 인공지능 기술 개발의 핵심 지역인 미국은 동시에 이 기술에 반대하는 소송의 중심지가 되고 있다. 인간이 만든 각종 창작물을 데이터로 학습한 뒤에 그를 바탕으로 한 시나 소설, 그림, 영상 등을 생성해 내는 서비스가 자신들의 권리를 침해하는 '범법'을 저지르고 있다는 판단에서다. 어떤 데이터를 학습했는지 해당 모델을 만든 인공지능 기업들이 꽁꽁 숨기면서 화가와 작가 등 창작자, 언론사 등이 소송에 나서는 등 혼란이 이어지고 있다.

특히 영화 등 '창작의 본거지'라 할 수 있는 미국 할리우드에선 2023년부터 생성형 인공지능의 위협을 감지한 창작자들의 봉기와 소송이 잇따랐다. 2023년 여름 할리우드는 작가와 배우 조합의 파업으로 뜨거웠다. 월트디즈니 · 워너브러더스 · 유니버설스튜디오 등 초거대 영화 제작사마다 피켓을 든 배우와 작가들이 몰려들었다.

5월에 시작된 배우들의 파업은 118일 동안 이어져 11월에야 끝났다. 4년마다 거대 제작사들과 단체 협상을 벌여 온 이들 노조가 계약 갱신 시점이 다가오자 내놓은 주요 요구 사항 중 하나는 '생성형 인공지능 대책 마련'이었다. 죽은 배우의 모습과 목소리까지 되살리고, 엑스트

라를 대체하고, 배우가 촬영하지 않은 이미지를 만들어 내는 신기술에 배우와 작가, 감독들 모두 위기감을 느낀 것이다.

장기 파업 끝에 배우조합이 영화·티브이(TV)제작자연합(AMPTP)을 대상으로 합의한 내용을 보면, 생성형 인공지능과 배우 관계 규정의 초석을 놓으려는 노력이 엿보인다. 주연 배우부터 엑스트라까지 자신이 연기하지 않은 내용을 생성할 경우에는 48시간 전에 통지해야 하고, 반드시 명시적 동의를 받아야 한다고 명시했다. 생성형 인공지능으로 배우가 연기한 듯한 장면을 만들면 해당 장면을 배우가 직접 연기했을 경우 걸렸을 시간을 계산해 보상해야 한다는 조항도 있다. 생성형 인공지능을 엑스트라 고용을 회피하기 위한 목적으로 사용하지 말아야 한다는 내용도 담겼다.

2024년 1월 ≪한겨레≫와 인터뷰한 배우 애슐리 제이드는 "시위와 파업에 적극적으로 참여했다"며 "가장 큰 두려움은 '문 뒤에 있는' 경영진이 돈을 아끼기 위해 생성형 인공지능으로 우리를 대체할 방법을 찾으려고 노력 중일 수도 있다는 것과 10년 뒤에는 어떤 일이 일어날지 누구도 알지 못한다는 것"이라고 말했다. 또 배우 겸 성우인 밴지 타피아는 ≪한겨레≫ 인터뷰에서 "배우이자 성우로서 나의 목소리도 모습도 순식간에 바꿀 수 있는 생성형 인공지능 기술에 대해 매우 큰 위협을 느껴 배우 조합의 파업에 매우 공감했고 시위에도 적극 참여했다"고 말했다.

영화 〈가디언즈 오브 갤럭시3〉, 〈로키〉, 〈어벤져스: 인피니티 워〉, 〈닥터 스트레인지〉 등의 제작에 참여한 카를라 오르티스는 2023년 미드저니 등 생성형 인공지능 기업을 상대로 소송을 제기한 예술가 세 명 중 한 명이다. 화가인 그가 영화나 게임 제작에서 맡아 온 역할은 감독과 소통해 영화나 게임의 디자인과 분위기 등을 그림으로 구상해 내는 '콘셉트 아티스트'다.

"3년 안에 우리 직군은 사라질 것이다. 할리우드 예술가들은 매일 실존적인 위협을 느낀다. 생성형 인공지능은 나와 같은 창작자들의 작업을 어떤 동의도 없이 학습한 뒤 이를 토대로 우리의 작업을 복제하며 빠르게 성장한다. 기자인 당신을 포함해 전 세계 창작자들에게 모두 해당하는 문제다." 2024년 1월 ≪한겨레≫와 인터뷰한 오르티스는 "혼자 분노하지 않고 생성형 인공지능 기업을 상대로 소송에 나서고, 전 세계와 연대하려고 한다"고 목소리를 높였다.

소송이 진행 중이던 2024년 1월 1일 새벽, 할리우드의 창작자들은 끔찍한 증거를 목격했다고 한다. 이미지 생성 인공지능(원하는 그림에 대한 설명을 쓰면 곧바로 그림을 생성하는 프로그램)의 대표 주자 '미드저니'가 그간 무단으로 학습했다는 '예술가 4700명'의 명단이 엑스(옛 트위터)에 공개됐기 때문이다. 소송에 나선 카를라 오르티스의 이름도 포함되어 있었다.

목소리 빼앗긴 스칼릿 조핸슨

2024년 5월에는 '배우가 목소리를 뺏기는' 상징적인 사건이 발생했다. 챗지피티 개발사인 오픈AI가 유명 배우 스칼릿 조핸슨의 목소리와 비슷한 챗봇 음성을 공개했다가 모방 논란에 휩싸여 사용 중단을 발표한 것이다. 이 논란은 5월 13일 오픈AI가 인간처럼 보고 듣고 대화하는 새 인공지능 모델 'GPT-4o'를 공개하자마자 시작됐다. '스카이'라 불린 챗봇의 목소리가 조핸슨의 목소리와 너무도 비슷했던 것이다.

스칼릿 조핸슨은 2013년 영화 〈그녀(Her)〉에서 사람과 실제 사랑에 빠지는 인공지능을 연기했는데 이번에 공개된 GPT-4o가 이를 연상하도록 의도적으로 조핸슨 목소리와 비슷하게 만들어졌다는 의혹이 나왔다. 오픈AI 최고경영자인 샘 올트먼이 14일 자신의 엑스 계정에 영화를 떠올리게 하려는 듯 "그녀(her)"라고 게시한 것도 이 주장을 뒷받침했다.

논란이 일자 일주일 뒤 스칼릿 조핸슨이 자신의 강경한 입장을 밝혔다. 그는 시엔비시(CNBC) 인터뷰에서 "오픈AI 최고경영자인 샘 올트먼이 지난해 9월에 이어 지피티-포오(GPT-4o) 발표 이틀 전에도 (내 목소리 사용을 위해) 연락을 해 왔지만 제안을 거절했다"며 "공개된 음성을 듣고 가족이나 친구들조차 구분하지 못할 정도로 내 목소리와 흡사해 충격과 분노를 느꼈다"고 말했다. 이어 그는 법적 대응을 검토하겠다고 밝혔다.

이에 오픈AI는 곧바로 성명을 내어 "스카이의 목소리는 스칼릿 조핸슨을 모방한 것이 아니라 그녀만의 자연스러운 말투를 사용하는 다른 전문 배우의 목소리"라며 "개인정보 보호를 위해 성우의 이름을 공유할 수 없다"고 주장했다. 그러면서 스카이 등 챗봇의 다섯 개 목소리는 "5개월에 걸친 캐스팅과 녹음 과정을 통해 선정됐다"고 덧붙였다. 그러고는 곧바로 스카이의 목소리 서비스를 정지했다.

뉴스를 뺏긴 언론사들도 소송에 뛰어들었다. ≪뉴욕타임스≫는 2023년 12월 27일 "오픈AI와 마이크로소프트를 저작권 침해로 고소해 인공지능 기술을 훈련하기 위해 출판물의 무단 사용을 둘러싼 법적 싸움에 새로운 전선을 열었다"고 밝혔다. 2024년 4월 30일에는 ≪시카고 트리뷴≫ 등 8개 일간지를 소유한 올던 글로벌 캐피털(Alden Global Capital)도 오픈AI와 마이크로소프트를 상대로 한 소송전에 나섰다.

베스트셀러 작가들이 포함된 작가 조합도 2023년 7월 오픈AI, 구글(알파벳), 메타, 마이크로소프트, 스태빌리티 에이아이 등 인공지능 기업의 최고경영자들을 상대로 공개서한을 발송했다. 여기에는 '생성형 인공지능 프로그램에서 저작권이 있는 자료를 사용하기 위해서는 허가를 받으라', '생성형 인공지능 프로그램에서 작가의 작품을 과거와 현재 사용하는 데 대해 공정한 보상을 제공하라', '현행법을 위반하지 않더라도, AI의 결과물에 작가의 작품을 사용하는 데 대해 공정하게 보상하라'는 요구 사항이 담겼다.

이 서한에는 댄 브라운, 제임스 패터슨, 제니퍼 이건, 노라 로버츠, 제스민 워드, 조디 피콜트, 수잔 콜린스 등 1만5000명이 넘는 작가가 서명했다. 작가들은 인간이 만든 언어, 스토리, 작풍, 아이디어 등에 크게 의존하는 생성형 인공지능이 저작권이 있는 작품 수백만 권을 기반으로 하면서도 이러한 기여에 보상을 하지 않고 있으며 멀지 않은 미래에 작가들의 원작을 기반으로 한 평범하고 그저 그런 스토리와 책, 저널리즘이 시장에 범람할 것이라며 우려했다.

생성형 인공지능을 향한 인간의 소송 물결, 권리 침해에 항거하는 봉기는 앞으로도 이어질 것으로 보인다. 2024년 1월 14일 크리스탈리나 게오르기에바 국제통화기금(IMF) 총재는 블로그에서 "인공지능은 전 세계 일자리의 40%, 선진국 일자리의 60%에 영향을 줄 것이며, 고숙련 노동(high-skilled jobs)에 미치는 영향이 더 크다. 극단적으로는 해당 직업 자체가 사라질 수 있다"고 경고했다. 이보다 앞서 골드만삭스는 미국의 900여 개 직업군 중 3분의 2가 인공지능으로 자동화돼 더는 존재하지 않을 것이라고 전망했다. 고도로 숙련된 창의적인 인간의 창작물을 빠른 속도로 빨아들이고 있는 생성형 인공지능 앞에 인간의 소송전과 항거가 어떤 의미를 가질지 판가름 날 시점이 다가오고 있다.

참고문헌

박원익(2023.3.29). AI 전문가들 "과잉 경쟁, 사회에 큰 위협...6개월간 개발 멈추라". ≪더밀크≫.

임지선(2024.2.13). "내 그림을, 나를 무단 학습한 AI를 고발한다"…할리우드의 봉기. ≪한겨레≫.

임지선(2024.2.13). "나 몰래 나를 연기하지 마"…'생성 AI' 단협 체결한 할리우드 배우노조. ≪한겨레≫.
임지선(2024.5.21). 스칼렛 조핸슨 "내 목소리 써 분노", 오픈AI '스카이' 음성 지원 중단. ≪한겨레≫.
IMF(2024.1.14). Gen-AI: Artificial Intelligence and the Future of Work

08
생성형 AI와 미디어 산업의 붕괴

마음대로 뉴스 콘텐츠를 가져다 학습 데이터로 쓰는 인공지능 업계의 태도에 당황한 미디어 업계는 두 방향으로 쪼개졌다. 미국 《뉴욕타임스》와 같이 생성형 인공지능 기업을 상대로 소송에 나서는 경우가 첫 번째다. 다른 쪽에선 대규모 미디어 기업들이 오픈AI 등 인공지능 기업과 별도 협상을 체결하며 손잡고 있었다. 인공지능 기업과 싸우는 언론, 손잡는 언론이 혼재하면서 언론계에 혼란이 가중됐다.

‘독자들과의 연결’을 뺏기는 상황

“생성형 인공지능이 등장하면서 (언론은) 새로운 위기를 맞고 있다.” 2024년 11월 15일 한국을 찾아 저널리즘 콘퍼런스에 연사로 선 영국 ≪파이낸셜타임스≫의 최고경영자 존 리딩은 이렇게 말했다. 영국 언론 최초로 생성형 인공지능 분야 선두 기업인 오픈AI와 뉴스 콘텐츠 이용 등에 관한 계약을 체결한 그의 이날 강연 제목은 “뉴스미디어 차세대 붕괴 시스템에 대응하기”였다.

오픈AI와의 협력에 대해 많은 질문을 받은 그는 “현재는 바닥과 벽이 같이 움직이는 대격변의 시대”라며 “인공지능으로 인해 모든 콘텐츠가 요약, 발췌 중심으로 가고 있는 추세에서 언론사가 ‘독자들과의 연결’을 플랫폼 기업에 뺏겨서는 안 된다. 뉴스와 같이 믿을 만한 출처의 데이터가 없이는 생성형 인공지능을 영위하기 힘들 것이며 이에 대한 보상 없이는 허상에 불과한 혁신이 이뤄질 것”이라고 강조했다.

생성형 인공지능 열풍에, 마음대로 뉴스 콘텐츠를 가져다 학습 데이터로 쓰는 인공지능 업계의 태도에 당황한 미디어 업계는 두 방향으로 쪼개져 대응하게 됐다. 첫 번째는 미국 ≪뉴욕타임스≫와 같이 오픈AI 등 생성형 인공지능 기업을 상대로 소송에 나서는 경우다. ≪뉴욕타임스≫는 2023년 12월 27일 자사 뉴스에서 "오픈AI와 마이크로소프트를 저작권 침해로 고소하면서 인공지능 기술을 훈련하기 위해 출판물의 무단 사용을 둘러싼 점점 더 치열해지는 법적 싸움에 새로운 전선을 열었다"고 밝혔다. 이로써 ≪뉴욕타임스≫는 챗지피티 개발사인 오픈AI를 저작권 문제로 고소한 최초의 미국 언론사가 됐다.

미국 맨해튼 연방지방법원에 제기된 이 소송은 ≪뉴욕타임스≫가 발행한 기사 수백만 개가 오픈AI의 인공지능 챗봇을 훈련하는 데 사용됐으며, 신뢰할 수 있는 정보의 출처로서 뉴스를 활용한 이 챗봇은 결국 언론사와 경쟁하게 됐다고 주장했다. "≪뉴욕타임스≫의 독특하고 귀중한 콘텐츠를 불법적으로 복사하고 사용한 것"과 관련해 "법적 · 실제적 손해"가 발생하고 있으며 이에 대해 인공지능 기업들이 수십억 달러에 달하는 책임을 져야 한다는 것이다. 또 ≪뉴욕타임스≫에 저작권이 있는 자료를 사용하는 모든 챗봇 모델과 교육 데이터를 파기할 것을 요구했다.

≪뉴욕타임스≫는 소장에서 "생성형 인공지능은 뉴스 산업에 큰 영향을 미칠 수 있다. ≪뉴욕타임스≫는 온라인 저널리즘에서 성공적인 사업 모델을 구축한 소수

의 매체 중 하나이지만, 수십 개 신문과 잡지는 독자의 인터넷 이전으로 인해 어려움을 겪었다"고 밝히며 "오픈AI와 마이크로소프트는 ≪뉴욕타임스≫의 저널리즘에 대한 막대한 투자에 무임승차하려고 하며 콘텐츠 사용에 대한 어떤 대가도 없이 대체품을 만들어 독자를 빼앗아 가고 있다"고 비판했다.

이렇듯 ≪뉴욕타임스≫의 소송에는 정당한 대가 없이 언론사가 생산한 뉴스 콘텐츠를 마구 활용하는 행태에 대한 응징과 비판의 의미가 담겼다. ≪뉴욕타임스≫의 소송은 전 세계 개별 언론사들이 인공지능 기업의 무분별하고 비밀스러운 뉴스 콘텐츠 무단 사용에 대해 대응책을 고심하던 시기 나온 '대표자 격 소송'으로 볼 수 있다.

언론사가 제기한 소송에 대해 오픈AI 등 인공지능 기업들은 단호한 자세를 취했다. 소송 이전에는 ≪뉴욕타임스≫와 개별 협상을 시도하기도 했던 오픈AI는 일단 소송전이 시작되자 단호하고 매몰찬 태도를 보이기 시작했다. 오픈AI 대변인은 ≪뉴욕타임스≫가 소송을 제기한 뒤 "놀랍고 실망스럽다"는 내용의 성명을 발표했다. 이후 소송에서 오픈AI는 "챗지피티가 ≪뉴욕타임스≫의 구독을 대체하는 것이 아니며 우리가 ≪뉴욕타임스≫ 기사를 제공할 수도 없다"고 주장하며 소송의 핵심 요소를 기각해 달라고 요청했다.

2024년 4월 30일에는 8개 일간지(The New York Daily News, The Chicago Tribune, The Orlando Sentinel, The Sun Sentinel of Florida, The San Jose Mercury News, The Denver Post, The Orange County Register, The St. Paul Pioneer Press)를 소유한 올던 글로벌 캐피털이 오픈AI와 마이크로소프트를 고소했다. 이들 회사가 불법적으로 신문 기사 수백만 개를 이용해 생성형 인공지능 챗봇을 구동하는 것을 문제 삼은 것이다.

하지만 이 같은 소송이 제기되는 동시에 또 다른 대규모 미디어 기업들은 오픈AI 등 인공지능 기업과의 별도 협상을 체결하며 손잡고 있었다. 인공지능 기업과 싸우는 언론, 손잡는 언론이 혼재하면서 언론계에 혼란이 가중됐다. 소규모 언론사일수록 '생성형 인공지능 기술 대응'에 대한 결정을 내리기가 어려워진 것이다.

"5년에 2억5000만 달러" 계약 과시

2024년 5월에는 미국 ≪월스트리트저널≫을 소유한 뉴스코프(News Corp)가 오픈AI와 뉴스 등 콘텐츠 공급 계약을 체결했다는 소식을 ≪월스트리트저널≫ 1면에 실었다. 특히 ≪월스트리트저널≫은 이번 협약이 "5년에 걸쳐 2억5000만 달러(한화 3417억 원)의 가치"라고 금액까지 밝혔다. 이전까지 인공지능 기업들이 주요 언론사를 회유해 체결한 계약의 내용이 정확히 알려지지 않았던 것과는 달라진 분위기였다.

이로써 생성형 인공지능의 불투명한 데이터 문제는 그대로 둔 채로 인공지능 기업을 상대로 소송을 하는 언론사와 돈을 받기로 한 언론사가 혼재되는 상황은 갈수록 선명해졌다. 이미 2023년 7월, 전 세계에 뉴스를 공급하는 유력 통신사인 에이피(Associated Press · AP)와 독일의 유력 미디어 기업 악셀 스프링거(Axel Springer · 비즈니스 인사이더와 폴리티코 소유)가, 2024년 4월에는 일본 기업인 닛케이가 소유한 ≪파이낸셜타임스≫가 계약을 맺은 상태였다. 프랑스 유력지 ≪르 몽드(Le Monde)≫도 오픈AI와 손을 잡았다.

국내에서도 불안감에 휩싸인 언론사들이 머리를 맞댔지만 논의는 쉽지 않았다. 2023년 8월 국내 언론사들이 모여 한국신문협회와 한국온라인신문협회(온신협)를 통해 생성형 인공지능의 뉴스 저작권 침해를 비판하고 대책 마련을 촉구하는 성명을 발표했다. '생성형 AI의 뉴스 저작권 침해 등에 관한 우리의 입장'이라는 제목의 성명서에는 뉴스 콘텐츠 저작권자인 언론사의 권리를 존중하고 함부로 콘텐츠를 긁어 가는 행위를 멈추도록 하며 인공지능 모델이 학습한 뉴스 콘텐츠에 정당한 대가를 지불하라는 내용이 포함됐다.

이는 언론사들이 모여 수차례 회의한 끝에 마련된 성명이었다. 온신협은 "뉴스 콘텐츠는 생성형 AI의 학습 데이터에서 가장 핵심적인 부분"이라며 "뉴스 콘텐츠의 무단 활용은 뉴스 콘텐츠 저작권자의 권리 침해를 넘어, 콘텐츠 생산자의 의지를 꺾고 이는 결국 생성형 AI 산업의 위축으로 이어질 수밖에 없다"고 지적했다. 네이버, 카카오, 구글코리아, 마이크로소프트 등 국내외 빅테크 기업들에 "언론사들이 막대한 투자와 수많은 정제 과정을 거쳐 생산한 뉴스 콘텐츠를 생성형 인공지능 개발 기업들이 사전 동의나 출처 명기 없이 활용하는 등 광범위하게 발생하고 있는 저작권 침해 행위를 중단해 달라"고도 요구했다.

하지만 오픈AI, 구글 등 글로벌 빅테크는 물론 네이버와 같은 국내 기업에서도 답을 듣기는 어려웠다. 2023년 8월 초거대 인공지능 모델과 생성형 인공지능 챗봇 서비스를 공개한 네이버는 기자간담회에서 언론사에 콘텐츠 이용 대가를 지불할 의사가 있는지를 묻는 기자들에게 "논의 전개를 지켜보겠다"며 말을 아꼈다.

이어 한국신문협회는 2023년 말 국회에 "생성형 인공지능 기업이 뉴스를 학습하고 활용하는 것에 대해 대가 지급을 의무화해야 한다"는 내용의 의견서를 제출했다. 생성형 인공지능 기업의 뉴스 데이터 학습이 원저작권자인 신문사의 지식재산권을 침해하고 '뉴스콘텐츠 제휴 약관'과 「약관규제법」에 위배되는데도 이들이 학습 데이터의 규모 · 범위 · 내용 등을 공개하지 않는다고 지적했다. 하지만 이와 관련된 규제 논의는 지지부진한 상태다.

이런 상황에서 기술의 발전 속도는 미디어 업계를 더 강하게 압박하고 있다. 2024년 10월 31일 오픈AI가 생성형 인공지능 챗봇 챗지피티에 본격적으로 검색 기능을 도입했다. 2022년 11월 말 인간의 질문에 인간의 말로 답하는 챗지피티를 대중에 공개한 지 2년 만이었다. 그동안 학습한 데이터 내용 안에서만 답할 수 있었던 생성형 인공지능이 실시간 정보를 바탕으로 답하는 수준에 올라선 것이었다.

이날 미국 ≪워싱턴포스트≫는 "일부 언론사들은 인공지능 개발자들이 언론사의 콘텐츠를 부당하게 복사하고 표절해 언론 업계를 위협한다고 비판한다"며 "챗지피티의 검색 서비스는 인공지능 검색 엔진이 언론계에 어떤 영향을 미칠 지 확인하는 시험대가 될 것"이라고 보도했다. 이제 실시간 뉴스를 검색하는 데도 사람들이 생성형 인공지능 서비스를 이용하게 된다면 가뜩이나 인터넷 시대에 들어선 뒤 수익 구조가 붕괴돼 온 전통 미디어들이 설 자리를 잃게 될 가능성이 크기 때문이다.

참고문헌

Michael M. Grynbaum, Ryan Mac(2023.12.27). The Times Sues OpenAI and Microsoft Over A.I. Use of Copyrighted Work, *NYT.*

MATT O'BRIEN(2023.7.14). ChatGPT-maker OpenAI signs deal with AP to license news stories. *AP.*

Cade Metz, Katie Robertson(2024.2.27). OpenAI Seeks to Dismiss Parts of The New York Times's Lawsuit. *NYT.*

Alexandra Bruell, Sam Schechner, Deepa Seetharaman(2024.5.22). OpenAI, WSJ Owner News Corp Strike Content Deal Valued at Over $250 Million. *WSJ.*

이서희(2024.11.1). 챗GPT, 이제 실시간 정보에도 답한다... 검색 출시로 구글에 도전장. ≪한국일보≫.

조선일보(2023.12.30). 언론사 뉴스 가져다 공짜로 AI 학습시키는 네이버의 무임승차.

09
수익화의 실체에 대한 의문

"많은 이가 생성형 인공지능이 마법 같은 이익을 가져올 것이라 전망했지만 어떤 것도 실현되지 않았다. 인공지능을 앞세웠던 기업들은 실적을 내지 못하고 있다. 동시에 그렇다고 이대로 투자가 끊긴다면 수십억 달러의 손실을 볼 수밖에 없는 상황에 직면해 있다." 인공지능 분야 석학인 벤 자오 미국 시카고대 교수는 2024년 8월 인공지능 관련 기술주의 주가 폭락에 대해 이렇게 말했다.

마법 같은 이익은 어디에 있나

"인공지능을 앞세웠던 기업들은 실적을 내지 못하고 있다. 동시에 그렇다고 이대로 투자가 끊긴다면 수십억 달러의 손실을 볼 수밖에 없는 상황에 직면해 있다." 인공지능 분야 석학인 벤 자오 미국 시카고대 교수는 2024년 8월 인공지능 관련 기술주의 주가 폭락에 대해 이렇게 말했다. 그는 그간 생성형 인공지능 열풍이 단순히 투자금을 유치하고 주가를 끌어올리기 위한 '붉은 청어(냄새를 피워 사냥개를 속이는 사기 행각)'라고 주장해 왔다. 대규모 투자를 받고 주가를 올려놓은 기업들은 비록 수익을 내지 못하더라도 인공지능 기술 개발과 서비스 출시를 포기할 수 없는 입장이라는 것이다.

그는 "많은 이가 생성형 인공지능이 마법 같은 이익을 가져올 것이라고 전망했지만 어떤 것도 실현되지 않았다"며 "(인공지능 관련) 주식은 일정 기간 동안 과도하게 매수됐기에 지금의 가격 변화(폭락)는 정상적인 시장 역학"이라고 말했다. 데이터 도용 문제에 모르쇠를 잡는 '생성형 인공지능 열풍의 승자들'을 비판하며 도용 데이터에 '독'을 푸는 소프트웨어를 개발하기도 한 벤 자오 교수는 "생성형 인공지능 기업의 실망스러운 수익은 실제 상황이며 다른 이들이 노력해 만든 결과물을 모아 '나는

천재다'라는 식으로 과시하는 생성형 인공지능 콘텐츠에 대한 사회의 반발도 실제한다"고 덧붙였다.

국내에서 '소버린 AI'의 중요성을 설파해 온 하정우 네이버 퓨처AI 센터장은 2024년 오순영 AI미래포럼 공동의장과 공동 집필한 『2025 AI 대전환』에서 이렇게 말했다. "현존하는 생성형 AI 거품론의 핵심은 100원짜리 비용으로 50원짜리 가치를 제공한다는 데 있다. 생성형 AI가 이러한 거품론을 불식하고 지속 가능한 성장을 이루기 위해서는 100원 이상의 가치를 제공하는 킬러 애플리케이션을 발굴하는 것도 중요하지만 가격을 50원 이하로 낮출 수 있는 기술 경쟁력이 필수적이다. 여기에는 소프트웨어뿐만 아니라 AI 반도체 등 하드웨어의 발전이 필수적이다."

직접 초거대 인공지능 모델과 생성형 인공지능 서비스를 개발한 국내 대표 기업이 '비용'과 '거품론'을 언급하며 수익화를 실현하지 못하고 있는 인공지능 업계의 현실을 언급한 것이 인상적이다.

생성형 인공지능 열풍이 불어닥쳐 투자가 몰린 2023년 이후 2024년에는 더욱 본격적으로 이 열풍의 의미를 짚어 보고 계산기를 두드려 보려는 움직임이 일었다. 개인들의 경우 직접 생성형 인공지능 서비스를 이용해 보며 이런저런 소감을 공유하는 수준이었지만 기업들은 이러한 서비스에 막대한 투자를 단행해야 하는가에 대해 치열하게 고민했다. 이는 곧 기업 간 거래(B2B) 시장에 사활을 걸고 초거대 인공지능 개발에 돈을 쏟아부은 빅테크가 수익을 낼 수 있을 것인가 하는 문제로 이어지며 생성형 인공지능 열풍의 결과가 '실체적 수익화'로 연결될지에 시장의 관심이 집중됐다.

"생성형 AI 기술에 대해 산업계에서 가장 많이 언급되는 단어는 바로 '비용'이다. 투자 대비 효과와 비용 대비 성능 등 모든 기준에서 비용은 의사결정에서 중요한 역할을 한다. 그러나 비용을 강조하면서도 AI 도입 결정의 RoI(투자 대비 수익률)를 정의하고 평가하는 것은 쉬운 일이 아니다." 금융 기업에서 AI금융센터장(상무)으로 일하며 생성형 인공지능을 포함한 인공지능 기술 도입 업무를 책임졌던 오순영 의장의 말은 이러한 기업들의 고민을 대변해준다.

생성형 인공지능이 비싼 이유는 방대한 데이터 학습과 처리에 막대한 전력과 컴퓨팅 파워가 들기 때문이다. 한 단어의 검색 결과 생성에도 초거대 인공지능 모델을 돌려 답을 얻게 된다면 '50원을 얻자고 100원을 쓰게 되는' 상황이 반복되는 것이다. 미국 실리콘밸리의 대형 벤처 투자사인 세쿼이아캐피털(Sequoia Capital)의 데이비드 칸 파트너는 2024년 7월 보고서에서 이러한 상황을 드러냈다. "각종 AI 프로젝트와 AI 기술을 고도화하기 위해 들어간 비용을 회수하기 위해서는 올해 연간 추정치 기준으로 6000억 달러(약 830조 원)가 필요한데, 실제 매출은 최대 1000억 달러(약 137조 원)에 불과하다"는 것이다. 비용과 매출 사이가 5000억 달러 수준으로 벌어지게 된 것이다.

여전한 환각, 높은 비용... 쌓여 있는 난제

확률을 바탕으로 문장을 생성하는 인공지능 서비스가 극복하기 힘든 문제인 헛소리, 환각(할루시네이션)도 여전히 기업 차원의 생성형 인공지능 서비스 도입을 망설이게 한다. 미국 투자은행(IB) 골드만삭스의 짐 코벨로 글로벌 주식 리서치 책임자는 2024년 7월 "텍스트를 요약하고 소프트웨어 코드를 작성할 수 있는 생성형 AI가 너무 많은 실수를 해서 복잡한 문제를 안정적으로 해결할 수 있을지 의심스럽다"며 AI 거품론을 제기했다.

단 한 번의 실수로도 브랜드 이미지가 크게 훼손될 수 있는 기업들의 경우 이 같은 리스크는 무시할 수 없는 영역이다. 이 때문에 인공지능 산업 부흥에 긍정적인 이들도 기업들이 이 문제를 해결하는 데 우선순위를 둬야 한다고 말한다. 오순영 의장은 저서 『2025 AI 대전환』에서 이렇게 설명했다. "할루시네이션은 사실의 오류이자 논리의 오류이며 거대언어모델(LLM)이 극복해야 할 가장 중요한 문제일 수 있다. 단순한 기술적인 문제를 넘어 사회적인 문제로 발전할 가능성도 있기 때문이다. 그러나 할루시네이션은 LLM에 내재된 특성이기에 환각이 완벽하게 없어질 가능성은 매우 낮다. 따라서 생성형 AI에 대한 정확한 이해와 다양한 활용 경험을 바탕으로 AI를 적용할 부분과 실제로 안정적으로 적용할 수 있는 부분을 구분할 수 있어야 한다."

영국 투자은행 바클리(Barclays)도 2024년 7월 'AI 워싱'이란 표현을 동원해 AI의 수익성에 의문을 던지는 보고서를 냈다. AI 워싱은 회사나 조직이 자사 제품 · 서비스 · 운영에 인공지능을 사용한다고 과장하거나 허위로 주장하여 실제보다 더 혁신적이거나 기술적으로 발전된 것처럼 보이게 하는 것을 의미한다. 바클리는 "생성형 AI 열풍이 분 지 2년여가 지났지만 소비자나 기업을 대상으로 성공한 서비스는 매우 제한적인데도 인공지능에 대한 과대광고가 넘쳐나는 것은 기업들의 두려움(FOMO · 투자 기회를 놓칠까 봐 두려워하는 심리) 때문이며 이 감정이 사라지면서 2025년에는 대기업들이 점차 AI에 대한 투자를 줄일 것"이라고 전망했다.

그럼에도 AI 시장 자체가 팽창할 것이라는 전망은 꾸준히 제시되고 있다. 미국 시장조사 기관 포천(Fortune) 비즈니스 인사이트는 2024년 11월 "세계 생성형 인공지능 시장 규모는 2023년 438억7000만 달러에서 2024년 671억8000만 달러로 커졌고 2032년에는 9676억5000만 달러로 성장할 것으로 예상된다"며 "이는 예측 기간(2024~2032년) 동안 연평균 성장률(CAGR)이 39.6%를 나타낸다는 의미"라고 설명했다. 특히 마케팅 · 광고 부문은 디지털 마케팅, 자동화된 콘텐츠 생성, 데이터 분석, 고객 상호 작용, 개인화된 마케팅에 대한 인식 증가로 인해 예측 기간 동안 가장 높은 성장률을 기록할 것이라고 내다봤다.

실제 인공지능 열풍으로 수익을 거뒀다고 발표하는 기업들의 경우 고성능 그래픽 칩을 생산하는 엔비디아, 대규모 데이터센터를 통해 챗지피티 제공을 독점하고 있는 마이크로소프트 등 하드웨어 중심의 수익이 주를 이룬다. 엔비디아의 2024년 3분기 매출은 AI 반도체 칩을 주력으로 하는 데이터센터 부문을 중심으로 93.6% 증가하며 시장 기대를 웃돌았다. 데이터센터 매출은 3분기 308억 달러로 1년 사이 112% 급증하며 역대 최고치를 경신했다. 이 매출의 핵심은 인공지능(AI) 가속기와 같은 고성능 컴퓨팅(HPC)용 반도체 칩이다. 국내에서는 이동통신사들이 데이터센터 매출을 'AI 매출'로 분류해 수익을 내고 있는 것으로 발표했다. 네이버의 경우 2024년 11월 3분기 실적 발표에서 사상 최대 분기 영업이익을 냈다며 그 비결로 'AI 기반의 타깃 고도화를 통해 광고 효율이 높아지는 등 인공지능을 주력 사업에 접목해 수익으로 연결한 점'을 꼽았다.

인공지능 기업들을 지원하기 위해 정부가 나서야 한다고 주장하는 움직임도 있다. 인공지능 분야 전문가 700여 명이 모인 '바른 과학기술사회 실현을 위한 국민연합'은 2024년 4월 국내에서 생성형 인공지능을 활용하는 움직임이 적은 것에 대해 비판하며 관련 생태계 조성을 위해 정부가 적극 나서야 한다고 주장했다. 과학기술정보통신부는 2024년 7월 공공 분야에 인공지능을 접목하는 '부처협업 기반 AI확산' 사업에 착수해 240억 원을 투입하는 등 지원책을 발표했다.

참고문헌

과학기술정보통신부(2024.7.2). 과기정통부, 정부부처 협업을 기반으로 공공분야 인공지능 일상화 확대 추진.
오순영·하정우(2024). 『2025 AI 대전환』, 95-119쪽. 한빛비즈.
임지선·박지영(2024.8.5). 미 증시 폭락 진앙지 'AI 거품론'…그럼에도 투자 못 멈추는 빅테크. ≪한겨레≫.
임지선(2024.8.7). 벤 자오 교수 "생성형 AI 주가 폭락, 당연한 결과". ≪한겨레≫.
Fortune Business Insights(2024) 생성적 AI 시장 규모 예측(2024~2032년).

10
생성형 인공지능, 누구를 위한 기술인가

'위험'과 '기회' 사이의 땅에서 인간은 어떤 선택을 하게 될까? 현재 생성형 인공지능은 누구를 위한 기술이며 앞으로 누구를 위한 기술로 발전해 갈까? 2024년 노벨 경제학상을 수상한 대런 아세모글루 교수와 사이먼 존슨 교수는 2024년 펴낸 『권력과 진보』에서 생성형 인공지능 열풍 시대에 기술과 관련해 가장 중요한 것은 인간의 '선택'이라고 강조한다.

위험은 높다, 기회는 엄청나다

"위험은 높습니다. 기회는 엄청납니다. 새로운 의약품 개발부터 국가 방위 강화까지, 이것이 AI 기반 미래에 대한 우리의 비전입니다." 북미의 대표 벤처 투자사인 앤드리슨 호로비츠(Andreessen Horowitz)의 누리집(홈페이지)에서 인공지능 분야의 페이지를 열면 가장 먼저 나오는 말이다. 'AI 골드러시(AI gold rush)'라는 표현까지 써 가며 누구보다 앞장서 생성형 인공지능 투자와 개발에 앞장서는 이들조차도 '기회'와 '위험'을 동시에 언급하는 것이 2023년 열풍 직후 세계가 겪고 있는 현실이다. 앤드리슨 호로비츠는 챗지피티에 대해 이렇게 평가한다. "이 기술의 핵심은 인간보다 10배 낮은 비용으로 노동력 공급이 가능하다는 것이다."

이 말대로라면, 단순히 말해 '인간보다 10배 낮은 비용의 일꾼'을 생산하기 위해 전 세계가 막대한 컴퓨팅 파워를 들여 '인간의 지능을 구현하는' 기계를 만드는 작업에 뛰어들고 있으며, 바로 이 지점이 누군가에게 '기회' 혹은 '위험'으로 작용하고 있는 셈이다. 세계 최대 인재 개발(HR) 서비스 기업 아데코는 2024년 4월 전 세계 2000개 대기업 고위급 임원을 대상으로 설문 조사를 실시한 결과 응답자 중 41%가 AI로 인해 회사 인력이 감소할 것으로 예상한다고 답했다. AI가 '최적화'와 '효율성'의 수단이 된 셈이다.

인간의 일자리가 줄어들 것이라는 전망은 생성형 인공지능을 가장 앞서 개발한 오픈AI의 연구에서도 드러난다. 오픈AI는 2023년 3월 펜실베이니아대학과 공동연구를 진행해 미국 노동자의 약 80%가 인공지능 거대언어모델 도입으로 인해 자신들의 작업(직무)에 적어도 10% 수준의 영향을 받으며, 약 19%의 노동자는 적어도 50% 수준의 영향을 받을 수 있다고 발표했다. 특히 수학자, 시장조사, 회계, 데이터 분석, 편집, 작가, 웹디자이너, 통번역가 등 타격이 큰 직업군을 구체적으로 밝혔다.

단순히 일자리가 줄어드는 문제뿐만 아니라 생성형 인공지능이 창작물이라고 주장하는 결과물을 제공하면서 인간의 공부 능력이 저하될 수 있다는 경고도 있다. 생성형 인공지능에 의지하게 되면서 인간이 자신만의 방식으로 공부하고 생각을 쌓아 나가는 노력을 줄일 수 있다는 것이다. 교육 전문가들은 학생들이 작문이나 컴퓨터 코딩 등 과제 해결에 챗지피티를 사용해 학습 능력이 저하될 수 있다는 우려를 내놓고 있다. 이 때문에 생성형 인공지능 열풍이 뜨겁던 2023년, 미국 뉴욕시 등 일부 공립학교들은 교내에서 챗지피티에 접근하는 것을 차단하기도 했다.

이러한 위험성을 경고하는 대표적인 인물이 과학소설 작가로 유명한 테드 창이다. 그는 2024년 6월 한겨레 '사람과디지털포럼'에 기조연설자로 참여해 "전 세계에 이미 너무도 많은 인간이 존재하는데 인간처럼 학습하고 반응하는 인공지능을 만드는 것이 어떤 의미가 있을까? 기술적인 측면에서는 멋진 성과겠지만 과연 인간에게 가치 있는 일일까?"라는 질문을 던졌다. 2023년 ≪뉴요커≫에 발표한 칼럼에서 "챗지피티(GPT)는 웹의 모든 텍스트의 흐릿한 JPEG(그림파일 확장자)일 뿐"이라고 주장해 온 그는 이날 "챗지피티는 기본적으로 텍스트 손실 압축 알고리즘을 통해 정보를 축약하고 압축한 버전이다. 인터넷은 실제 세상과 달리, 웹페이지가 가득 모여 있는 곳에 불과하다. 챗지피티는 웹에서 수많은 정보를 가지고 와서 압축해 표출하며 이 과정에서 환각 · 오해 · 잘못된 거짓 정보의 표출 등 오류가 발생한다"고 지적했다.

생성형 인공지능의 특징을 '놀랍도록 똑똑하고 충격적으로 어리석다'고 한마디로 정리한 최예진 워싱턴대 교수는 2024년 6월 "생성형 인공지능은 많은 양의 상식과 지식을 습득한 것처럼 보이지만 이상한 실수를 저지

른다"고 지적했다. 그는 "인간은 상식을 통해 어느 것이 올바른 이미지인지 쉽게 파악할 수 있지만, 생성형 인공지능은 어떤 것이 실제로 나쁜지 알지 못하고, 때문에 나쁜 예도 많이 생성한다"며 "일반적으로 사람의 경우 책이나 그림을 감상하는 것보다 생성하는 게 어렵지만, 생성형 인공지능은 이와 반대로 뭔가를 생성할 수 있지만, 어떤 내용을 온전히 이해하기는 어렵다"고 설명했다. 이 때문에 그는 "인공지능이 결국 사람을 위해 만들어져야 한다"며 인공지능 윤리 · 안전성 문제에 관한 연구의 중요성을 강조한다.

현실에서는 '나쁜 예'도 마구잡이로 생성해 내는 인공지능의 특성을 활용한 범죄가 기승을 부리고 있다. 생성형 인공지능을 활용해 글, 그림, 영상 등을 쉽게 조작할 수 있게 되자 '딥페이크 범죄'가 급격한 증가 추세를 보이고 있다. 딥페이크 범죄는 사람의 얼굴 · 신체 · 음성을 대상자 의사에 반하여 성적 욕망 · 수치심을 유발하는 형태로 합성하거나 해당 합성물을 유포하는 행위를 뜻한다.

전 세계적으로 유명인의 딥페이크 영상이나 이미지가 온라인에 떠도는 등 수많은 사건이 벌어졌고, 국내에서도 마찬가지다. 2024년 11월 정부 발표를 보면 방송통신

심의위원회가 2024년 9월 기준 집계한 딥페이크 관련 심의 건수는 1만 305건으로, 2021년 1913건 대비 5.3배 급증했다. 같은 기간 여성가족부 산하 디지털성범죄피해자지원센터에서 지원한 딥페이크 범죄 피해자는 176명에서 1201명으로 6.8배 증가했다.

특히 10대 청소년 사이에서 딥페이크를 통해 피해자를 괴롭히는 범죄가 너무도 쉽게 벌어지고 있다. 학교 친구의 사진이나 영상을 조작해 만드는 이 같은 범행은 텔레그램 등 폐쇄형 메신저나 소셜 미디어에서 유통되니 수면 위로 드러나지 않은 경우가 더 많을 것임을 쉽게 짐작할 수 있다. 심각성을 느낀 정부는 2024년 8월 30일 법무부, 과기부, 여가부, 방통위, 경찰청 등 관계 부처와 함께 '딥페이크 성범죄 대응 범정부 티에프(TF)'를 구성해 11월에 대책을 발표하기도 했다. 딥페이크 성범죄 집중단속 착수, 전담 대응팀 운영, 삭제 지원이나 상담 등 피해자 지원 확대, 학교 현장에서의 현장조사와 교육, 텔레그램과 핫라인 구축, 딥페이크 가해자 처벌 확대 등이 주요 내용이다.

인공지능에 '독' 풀기도… 인간의 선택은

결괏값 생성을 위해 막대한 데이터를 학습용으로 사용

하는 문제에 대해서는 여전히 전 세계가 답을 구하지 못한 채 대립하고 있다. 화가, 영화감독, 작가, 기자, 프로듀서, 수학자, 편집자 등의 창의력과 노하우가 담긴 글과 이미지, 영상들이 모두 기계에 의해 무단 학습되면서 졸지에 권리를 침해당하고 심지어 직업까지 빼앗긴 인간들의 소송과 항의가 이어지고 있다. 인공지능 기업들은 "일단 생성형 인공지능이 수익을 내기 시작하면 데이터 저작자들에게도 수익이 돌아갈 것"이라고 주장하곤 하지만 벤 자오 시카고대 교수는 이런 주장에 대해 "일단 너의 것을 훔쳐가서 너를 노숙자로 만든 뒤 내가 돈을 벌게 되면 나중에 줄지도 모른다는 이상한 논리"라고 일축한다.

벤 자오 교수 연구팀이 2024년 초 발표한 '나이트셰이드(Nightshade) 1.0'은 한마디로 '생성형 인공지능을 파괴하는 독극물'이다. 이 소프트웨어의 규칙은 "이것을 사용한다는 사실을 세상에 알리지 말라"이다. 이 프로그램은 제작자 동의 없이 창작물을 긁어 가 인공지능 모델을 학습시키는 행태에 문제의식을 가진 자오 교수가 자신의 작품을 지키려는 창작자들의 편에 서서 만들었다. 이 소프트웨어가 적용된 창작물을 생성형 인공지능이 함부로 학습하면 이미지가 엉망으로 변해 버려, 개를 고

양이로, 자동차를 소로 인식하게 된다.

2025년 초에는 중국의 생성형 인공지능 스타트업 '딥시크'가 챗지피티의 성능에 버금가면서도 가성비가 뛰어나다는 챗봇 서비스를 대중에 공개함으로써 순식간에 미중 패권 경쟁 구도가 강조됐다. 딥시크 홈페이지 중앙에는 '미지의 세계로(Into the unknown)'라는 문구가 적혀 있다. 이제 전 세계가 누구도 절대 질 수 없는 '생성형 인공지능 전쟁'에 휘말리게 되면서 말 그대로 누구도 알지 못하는 상황으로 돌입하고 있는 형국이다.

'위험'과 '기회' 사이의 땅에서 인간은 어떤 선택을 하게 될까? 현재 생성형 인공지능은 누구를 위한 기술이며 앞으로 누구를 위한 기술로 발전해 갈까? 2024년 노벨 경제학상을 수상한 대런 아세모글루 교수와 사이먼 존슨 교수는 2024년 펴낸 『권력과 진보』에서 생성형 인공지능 열풍 시대에 기술과 관련해 가장 중요한 것은 '선택'이라고 강조한다. 생산성 향상을 위해 우리의 집합적인 지식을 사용하는 방법은 아주 많으며 혁신의 방향을 잡는 방법은 그보다도 더 많다는 것이다. 디지털 도구를 감시에 사용할지, 자동화에 사용할지, 아니면 새로운 업무를 창출함으로써 노동자의 역량을 강화하는 데 사용할지는 인간에게 달렸다. 미래의 진보를 어느 방향으로 이

끄는 데 노력을 쏟을 것인지, 인간이 선택할 시점이라는 이야기다.

참고문헌

임지선(2024.2.16). AI 데이터 우물에 '독' 푸는 교수…"저작물 도둑질, 창작자 삶 뺏어". ≪한겨레≫.

임지선(2024.6.12). 테드 창 "인간은 너무도 많다…인간을 닮은 기계의 가치는?". ≪한겨레≫.

Rotman, D.(2023.4.4). ChatGPT is about to revolutionize the economy. We need to decide what that looks like. *MIT Technology Review*

Tyna Eloundou, Sam Manning·Pamela Mishkin, Daniel Rock(2023). GPTs are GPTs: An Early Look at the Labor Market Impact Potential of Large Language Models, OpenAI·University of Pennsylvania, WORKING PAPER pp.16-20.

임지선

한겨레신문 기자다. 빅테크팀장으로 일하던 2024년 건국대 언론홍보대학원에서 '생성형 인공지능에 관한 언론 보도 연구' 논문으로 석사 학위와 논문상을 받았다. 한겨레에 2023년부터 'AI 파워피플' 인터뷰 연재를 했고 2024년 초에 미국 실리콘밸리와 할리우드 현지 취재를 통해 생성형 인공지능 열풍과 비판론을 보도했다. 주요 저서로는 『4천원 인생』, 『왜 우리는 혼자가 되었나』, 『아동학대에 관한 뒤늦은 기록』, 『열 가지 당부』, 『젠더와 미디어 경험』, 『이따위 불평등』을 공저했고, 『현시창』, 『에어비앤비 서울 아트숙소 11』을 썼다. 기자 생활을 하며 한국기자상, 이달의 기자상, 언론인권상, 앰네스티 언론상, 관훈언론상, 인권보도 대상, 양성평등미디어상 우수상, 민주시민언론상, 쉬운 우리말 기자상 으뜸상 등을 수상했다.